中华经典国学智慧丛书

呻吟语

原著 明·吕坤
主编 钟书
注译 王远方

上海大学出版社

图书在版编目(CIP)数据

呻吟语/钟书主编. —上海:上海大学出版社,
2018.6
(中华经典国学智慧丛书)
ISBN 978－7－5671－3164－4

Ⅰ.①呻… Ⅱ.①钟… Ⅲ.①人生哲学－中国－明代
Ⅳ.①B248.92

中国版本图书馆 CIP 数据核字(2018)第 136640 号

责任编辑　农雪玲
装帧设计　刘疆昕

呻吟语
品牌策划　钟书
上海大学出版社出版发行
(上海市上大路 99 **号　邮政编码** 200444**)**
出版人　戴骏豪
*
枝江市新华印刷有限公司印刷
开本 710mm×1000mm　1/16　**印张** 14　**字数** 262 **千**
2018 **年** 6 **月第** 1 **版**　2018 **年** 6 **月第** 1 **次印刷**
ISBN 978－7－5671－3164－4/B.108　**定价** 29.80 **元**
(质量监督电话 67665999－818　13817060001**)**

前　言

《呻吟语》是明代晚期著名思想家、哲学家吕坤所著的一部探讨人生哲理的著作。吕坤生活的明王朝时代表面稳定,但乱象已萌:皇帝荒怠朝政,肆意聚敛财富,大兴土木,税使四出,百姓不堪搜刮骚扰,抗议迭起;农民赋税沉重,无衣无食,一遇荒年,四处流亡;士卒粮饷微薄,常被克扣,长官驱之如奴仆,愤懑至极,每有哗变;朝政怠迟,党派纷争,宦官操权,厂卫横行,整个时代犹如吕坤所形容的:"人心如实炮,火一点烈焰腾天;国事如溃瓜,手一触流液满地。"时代危机愈发深重。

于是,时任刑部侍郎的吕坤——这个思想远行者就像所有不安分的智者那样,不可能在这种时局下保持宁静,津津有味地做官,心安理得地腐败。这个自称"不儒不道不禅,亦儒亦道亦禅"的人最终无法忍受现实施加给他的精神痛苦,以一个关怀天下的知识分子的情怀,于万历二十五年(1597)向朝廷上了一道奏疏,坦言天下安危,直陈社会弊病,提出了兴利除弊、励精图治的种种主张和治国方略,这就是著名的《忧危疏》。此疏针砭时弊,言辞恳切,所言虽未得到皇上的采纳,却表现出吕坤为国为民的赤诚之心。

《呻吟语》是吕坤积三十年心血写成的著述,他在原序中称:"呻吟,病声也。呻吟语,病时疾痛语也。""三十年来,所志《呻吟语》凡若干卷,携以自药。""择其狂而未甚者存之。"《呻吟语》问世于一个社会大变革的时代,书中阐述了作者对修身养性、人情世故等方面的心得体会和见解,对当今世人颇有借鉴意义。作者以儒家思想为立足点,包容吸纳了道家、法家、墨家等诸子百家的思想精华,加上他本人的宦海沉浮以及对人世间冷暖沧桑的独特感受,从而对人生、国家以及天地宇宙的各种现象有了自己独到的见解和认识,体现了儒家自强不息的积极用世精神以及面对社会黑暗时的忧患意识,特别是修身养性方面，更有其独特而精辟的论述。全书共分六卷，即礼集、乐集、射集、御集、书集、数集，其下又分为性命、存心、伦理、谈道、修身、问学、应务、养生、天地、世运、圣贤、品藻、治道、人情、物理、广喻、词章等十七篇。涉猎广泛，体悟性强，反映出作者对社会、政治、世情的体验，对真理的不懈求索，其中闪烁着哲理的火花和对当时衰落的政治、社会风气的痛恶，表现出其权变、实用、融通诸家的思想。

《呻吟语》在艺术形式上，属于随笔式语录体，其中许多极富哲理的人生箴言，集寓言性、文学性、趣味性、哲理性于一身，读之令人惊醒、动人性情，对治国理政、修身立命、处世应物、培养品行均有裨益。清人尹会一在《吕语集萃·序》中说："吕新吾先生著述甚富，皆心得之学，明体达用之书也，而《呻吟语》为最。余反复玩味，见其推堪人情物理，研辨内外公私，痛切之至，令人当下猛省，奚啻砭骨之神针，苦口之良剂。"

《呻吟语》一经问世，便流传甚广。今天，我们再读《呻吟语》，让我们洞见一个有正义感和使命感的知识分子的悲剧情怀，让我们领悟他不拘经道、重民务实的独立思想和一份丰厚的可资研习采纳的思想文化遗产。

目　录

卷五

卷六

卷一

性命

正命者，完却正理，全却初气[①]，未尝以我害之。虽桎梏而死[②]，不害其为正命。若初气凿丧[③]，正理不完，即正寝告终，恐非正命也。

注释

①**初气**：生命之初的元气，最初禀受所成形体之气。②**桎梏**：指脚镣手铐等刑具。③**初气凿丧**：生命之初的元气流失散尽。

译文

按照正常道理完成了人生使命而生命终结的人，就圆满地保持了人世间的至理，保全了生命之初的元气，正理和元气都没有因为自己而受到损害。这样即使身遭囚禁而死，依然可以称作正命。若最初禀受的元气流失散尽，正理不完善，即使能寿终正寝，恐怕也不是正命。

德性以收敛沉着为第一。收敛沉着中，又以精明平易为第一。大段收敛沉着人[①]，怕含糊，怕深险，浅浮子虽光明洞达，非蓄德之器也[②]。

注释

①**大段**：大都，一般。②**蓄德**：积蓄德行。

译文

人的德行以自我收敛沉着为第一。收敛沉着中，又首推精明能干、平易近人。大凡收敛沉着的人，都不愿表现得含糊不清或深险不测，浅浮的人表面上虽然显得光明洞达，但是算不上是具备高贵品质的人。

气无终尽之时，形无不毁之理。

译文

元气没有终尽的时候，形体没有不毁灭的道理。

真机真味要涵蓄，休点破。其妙无穷，不可言喻，所以圣人无言。一犯口颊，穷年说不尽，又离披浇漓[①]，无一些咀嚼处矣。

注释

①**离披**：分散，散乱。**浇漓**：社会风气浮薄。

译文

真机和真味需要含蓄才可得到，切忌轻易点破。其中的玄机奥妙无穷，不能用言语表达，因此圣人常保持沉默。若是犯了口舌，长年累月也说不尽，即使说出来，也是众说纷纭，零乱轻浮，也没有什么值得人咀嚼寻味的了。

性分不可使亏欠，故其取数也常多，曰穷理，曰尽性①，曰达天②，曰入神③，曰致广大、极高明。情欲不可使赢余，故其取数也常少，曰谨言，曰慎行，曰约己，曰清心，曰节饮食，寡嗜欲。

注释

①**尽性**：尽量发挥和扩大人的本性。②**达天**：达到上苍所赋予的最高境界。③**入神**：人的修养达到最高境界。

译文

人的本性，不能让它亏损欠缺，所以对它的要求就要尽量多，要穷究真理，尽量发挥、扩充人的本性，要通达天道、出神入化，要做到致广大、极高明。而情欲却不能使其过于膨胀，所以对它的要求要尽量少，即所谓的要谨慎言语，要三思而行，要约束自己，要清心寡欲，要节制饮食，减少不良嗜好。

深沉厚重是第一等资质，磊落豪雄是第二等资质，聪明才辩是第三等资质。

译文

思想深刻、对人厚道是最高等的天赋，光明磊落、豪放雄健是第二等的天赋，聪慧灵巧、才思敏捷是第三等的天赋。

六合原是个情世界①，故万物以之相苦乐。而至人圣人不与焉。

注释

①**六合**：东、南、西、北、上、下为六合，代指天下。

译文

天下原本就是个情感交融的世界，所以万物生于其间，体会着苦乐不同的滋味。然而，那些道德修养高的至人和圣人是可以超脱于外的。

凡人光明博大、浑厚含蓄，是天地之气；温煦和平，是阳春之气；宽纵任物，是长夏之气；严凝敛约[①]，喜刑好杀，是秋之气；沉藏固啬，是冬之气；暴怒是震雷之气；狂肆是疾风之气；昏惑是霾雾之气[②]；隐恨留连，是积阴之气；从容温润，是和风甘雨之气；聪明洞达，是青天朗月之气。有所钟者[③]，必有所似。

注释

①**严凝敛约**：凝重收敛。②**惑**：困惑，茫然。③**钟**：指禀受，承受。

译文

人的气质光明博大、浑厚含蓄，是禀受了天地之正气；温柔平和，是禀受了阳春之气；宽容随和，是禀受了夏天之气；严肃收敛，喜好刑杀，是禀受了秋天之气；深藏不露、固执吝啬，是禀受了冬天之气；暴躁易怒是禀受了震雷之气；狂妄放肆是禀受了疾风之气；昏庸困惑是禀受了霾雾之气；隐埋仇恨、流连恩爱是禀受了积阴之气；从容不迫、温文尔雅是禀受了和风细雨之气；聪明伶俐、洞达世相是禀受了晴空明月之气。总之，禀受了什么样的气，便必然会表现出类似的气质。

火性发扬，水性流动，木性条畅，金性坚刚，土性重厚。其生物也亦然。

译文

火的本性是旺盛充盈，水的本性是流动不拘，木的本性是条理舒畅，金的本性是坚硬刚直，土的本性是稳重厚实。由这五行生成的万物都烙上了它本性的影子。

一则见性[①]，两则生情。人未有偶而能静者，物未有偶而无声者。

注释

①**一**：单一，专一。

五 行

五行是我国古代的一种物质观，指金、木、水、火、土。五行说认为大自然由五种要素构成，随着这五种要素的盛衰，使得大自然产生变化，不但影响到人的命运，同时也使宇宙万物循环不已。五行强调整体概念，描绘了事物的结构关系和运动形式。如果说阴阳是一种古代的对立统一学说，五行则可以说是一种原始的普通系统论。

译文

事物单一时就能见到它的真正本性，一旦掺杂他物就会生出情来。任何人没有在相对时能保持平静的，而任何物也没有在相撞时不出声的。

声无形色，寄之于器；火无体质，寄之于薪；色无着落，寄之草木。故五行惟火无体而用不穷。

译文

声音没有形状和色彩，只能寄托在器物中；火没有形体，寄托在柴草上；颜色没有着落，寄托在花草树木上。因而金、木、水、火、土五种元素中，只有火没有本体，但有着无穷无尽的用途。

人之念头，与气血同为消长①。四十以前是个进心，识见未定，而敢于有为；四十以后，是个定心，识见既定，而事有酌量②；六十以后，是个退心，见识虽真，而精力不振。未必人人皆此，而此其大凡也。古者四十仕，六十、七十致仕，盖审之矣③。人亦有少年退缩不任事④，厌厌若泉下人者；亦有衰年狂躁妄动喜事者⑤，皆非常理。若乃以见事风生之少年为任事，以念头灰冷之衰夫为老成，则误矣。邓禹沉毅，马援矍铄⑥，古诚有之，岂多得哉！

注释

①**消长**：生长和消灭。②**酌量**：思量，斟酌。③**审**：仔细审察、研究。④**不任事**：不能胜任工作。⑤**衰年**：衰老之年。⑥**矍铄**：年老而强壮。

译文

人的思想观念是随生理气血的消长而变化的。四十岁之前，人的思想所呈现的面貌可称之为“进心”，见识不广，且多有变化，却敢作敢为；四十岁之后，可称之为“定心”，此时见识已经形成，所以凡遇事都有个思量斟酌；六十岁之后，叫作“退心”，见识虽然广博，但精力不足，力不从心。并不是人人如此，但这是一般的情况。古人四十岁入仕，六七十岁告老还乡，就是因为对此仔细研究过的缘故。当然，也有人年纪轻轻却畏缩不前，不愿有所作为，无精打采就像一个垂死之人；也有年纪老了还轻举妄动、喜欢多事的，但这些都是不合常理的。如果认为遇事意气风发的少年一定能委以重任，或心灰意冷的老头一定能老成持重，那就错了。像邓禹那样沉毅的年轻人，马援那样矍铄的老人，古代虽然有过，但毕竟是凤毛麟角。

命本在天①，君子之命在我，小人之命亦在我。君子以义处命②，不以其道得之不处，命不足道也；小人以欲犯命，不可得而必欲得之，命不肯受也。但君子谓命在我，得天命之本然；小人谓命在我，幸气数之或然③。是以君子之心常泰④，小人之心常劳。

注释

①**命**：此处指人的富贵、贫贱、寿夭等。②**义**：道义，理义。③**或然**：碰巧，偶然。④**泰**：泰然平静，安定平和。

译文

命运本来是由上天决定的，但正人君子的命运由自己掌握，卑鄙小人的命运也由自己掌握。君子用道义来对待命运，不违反道义准则，命运的好歹并不放在心上；小人因为自己的贪欲而去触犯上天的规定，明明不能得到，也一定要努力得到，不肯接受命运的安排。但君子所说的命运由自己掌握，是因为他顺从了自然的客观规律；而小人所说的命运由自己掌握，只不过是他侥幸或偶然走运。因此，君子的内心常常是安定平和的，小人的内心则常常是劳累沉重的。

性者，理、气之总名。无不善之理，无皆善之气。论性善者，纯以理言也，论性恶与善恶混者，兼气而言也。故经传言性，各各不同，惟孔子无病。

译文

所谓性，就是理和气的总称。没有不善的理，也没有全善的气。认为性善的人，是单纯从理这一方面来说的；认为性恶或善恶相混的人，是从理、气两方面来说的。所以，儒家的经典与传注在谈论性时，看法各不相同，唯独孔子的论说没有毛病。

气、习①，学者之二障也。仁者与义者相非，礼者与信者相左②，皆气质障也③。高髻而笑低髽④，长裾而讥短袂⑤，皆习见障也。大道明，率天下气质而归之，即不能归，不敢以所偏者病人矣。王制一，齐天下趋向而同之，即不能同，不敢以所狃者病人矣⑥。哀哉！兹谁任之？

注释

①**气、习**：指气质，习惯。②**相左**：相违背。③**气质**：指人具有的个性特点，如活泼、直爽、沉静等。④**髻(jì)**：梳在头顶上的发结。**髽(zhuā)**：束在头

顶两旁的发髻。⑤**裾**：衣服的大襟，衣的前、后均称裾。**袂**：衣袖。⑥**狃**（niǔ）：习惯。

译文

气质与习惯，是做学问的人的两大障碍。仁与义相互刁难，礼与信相互抵触，都是气质形成的障碍。梳高髻的人讥笑梳低髻的人，穿长衫的人讽刺穿短衫的人，这都是习惯造成的障碍。大道昌明，则天下人的气质都会归于大道，即使不能归附，也不敢用偏离大道的东西来指责他人。王制统一，天下人就会自觉归向、遵守王制，即使不能趋同，也没有人敢以偏离的东西去责备别人。可悲的是，大道昌明、王制统一如此重任由谁来担当呢？

《孝经》

《孝经》是我国古代儒家的伦理学著作，相传是孔子所作。自西汉至魏晋南北朝，注解者多达百家。现在流行的版本是唐玄宗李隆基所注的《孝经》，全书共分18章。《孝经》在唐代被尊为经书，南宋以后被列为"十三经"之一。在长期的封建社会中，它被看作是"孔子述作，垂范将来"的经典，对传播和维护社会纲常、社会太平起了很大的作用。

父母全而生之[①]，子全而归之，发肤还父母之初，无些毁伤，亲之孝子也。天全而生之，人全而归之，心性还天之初[②]，无些缺欠，天之孝子也。

注释

①**全**：圆满无缺。②**心性还天之初**：心性与上天降生之时一样。

译文

父母将孩子完好地降生出来，孩子就应将自己再完整地归还父母，身体发肤和降生时一样完好无损，这样的子女是双亲的孝子。上苍使人完整地降生出来，人应该将自己完整地归还上苍，心性也要和上天降生之时一样，使其没有欠缺，这样的人才是上天的孝子。

性一母而五子。五性者一性之子也。情者五性之子也。一性静，静者阴，五性动，动者阳，性本浑沦，至静不动，故曰："人生而静，天之性也。"才说性，便已不是性矣。此一性之说也。

译文

如果把本性比作母体，仁、义、礼、智、信便可看作五子。这五种子性就是善性繁衍出来的儿子。情是五种子性的产物。人的本性虚静，属于阴性，五性运动变化，属于阳性，人的本性本来混沌不清，在极静之下就不再运动，所以说："人生来就喜欢虚静，这是人的天性。"然而若谈到具体的性，便不再是人性了。这只是对人的本性的一种看法而已。

存　心

心要如天平，称物时，物忙而衡不忙①，物去时，即悬空在此，只恁静虚中正②，何等自在。

注释

①**衡**：秤杆。泛指称东西轻重的器物。②**恁**：如此。

译文

心境应像天平一样，称量东西时，东西被搬来搬去而天平却一点也不忙乱，物体离开之后，天平仍旧空放在那里，因此，万物只要处在静止平和的状态下，就可以自由自在。

学者只事事留心，一毫不肯苟且，德业之进也，如流水矣。

译文

求学的人，只要事事留心，一丝不苟，那么他的品德与学业的进步，就好比东流之水滔滔不绝。

不动气，事事好。

译文

不随便生闲气，不管做什么事都能做好。

心放不放，要在邪正上说，不在出入上说。且如高卧山林，游心廊庙；身处衰世，梦想唐虞①；游子思亲，贞妇怀夫，这是个放心否？若不论邪正，只较出入，却是禅定之学②。

注释

①**唐虞**：指尧、舜二帝，此处引申为太平盛世。②**禅定**：佛教的静心打坐、冥想玄理的修养之功。

虞　舜

虞舜，姓姚，名重华，本为部落联盟首领，受尧的"禅让"而称帝于天下。其国号为"有虞"，故号"有虞氏帝舜"，称"虞舜"。虞舜待继母以孝，待弟以仁，儒家视之为理想人物，是仁孝的典范。孟子继孔子之后对儒学的发展有巨大贡献，他极力推崇舜的孝行，而且倡导人们努力向舜看齐，做舜那样的孝子。由于儒家的宣传，有关舜的传说在我国文化传统中有极其深刻的影响。

译文

心灵要不要放开，还要看它是在正道上还是在邪道上，而不能只看出入。譬如隐居山林而心怀社稷；身处乱世却心想盛世；游子思念亲人，贞妇怀念丈夫，这些不都是放开心了吗？假如不计较邪道与正道，只计较它的出入，就只不过是佛家禅学之言而已。

常使精神在心目间，便有主而不眩于客感之交，只一昏昏，便是胡乱应酬，岂无偶合？终非心上经历过，竟无长进。譬之梦食，岂能饱哉？

译文

人应该经常使头脑保持清醒，使眼睛保持明亮，才能有主见而不至于被外界的事物所迷惑，如果昏昏沉沉，就会糊里糊涂地应酬，难道没有偶然相合？即使有也毕竟不是自己心上经历过，所以最终还是没有长进。就像在梦里吃东西，难道真的能吃饱吗？

防欲如挽逆水之舟，才歇力，便下流；力善如缘无枝之树，才住脚便下坠。是以君子之心，无时而不敬畏也。

译文

克制欲望就如同拉住逆水而行的小船一样，刚一松手，小船就要向下流；努力从善，就好像攀登没有树枝的大树一样，刚一歇脚，身体就会下滑。因此，君子的心中要每时每刻保持警惕。

一善念发①，未说到扩充，且先执持住，此万善之囮也②。若随来随去，更不操存此心，如驿传然③，终身无主人住矣。

注释

①**一善念发**：善的念头一旦产生。②**囮**(é)：用经过训练的鸟诱捕别的鸟。此处指原因。③**驿传**：古时传送公文的人中途住宿或换马的地方。

译文

心中产生一个行善的念头，在它尚未扩充之前，暂且好好地保持住，这是孕育其他善良愿望的开端。若随它任意来去，而不用心坚持，就好像在驿站一样传来传去，心中也再不会有美好善良的愿望了。

千日集义，禁不得一刻不慊于心。是以君子瞬存息养，无一刻不在道义上。其防不义也，如千金之子之防盗，惧馁之故也①。

注释

①馁：这里指饥饿。

译文

多年来努力在道义上下功夫，却禁不住一刻的松懈。所以君子瞬息之间都要注意修身养性，一刻也不能离开道义。其防止不义的行为如同拥有千金的富贵人家防盗贼一样，是惧怕日后受穷挨饿的缘故。

无屋漏工夫①，做不得宇宙事业。

注释

①屋漏：古时房内西北角设小帐的地方。

译文

没有在无人看见时仍保持高贵品质的本领，就做不成一番宏伟的事业。

君子口中无惯语，存心故也。故曰修辞立其诚，不诚何以修辞。

译文

君子不随意讲话，讲出的话都是用心考虑过的。因此才说言辞的准确能表达出诚心，如果不诚心，又怎么能言辞准确呢？

一念收敛，则万善来同；一念放恣，则百邪乘衅。

译文

一个邪恶的私念收敛了，各种各样的善行便会随之而来；一个私心的欲念一旦放纵，各种各样的恶念便会乘虚而入。

得罪于法，尚可逃避；得罪于理，更没处存身，只我的心便放不过我。是故君子畏理甚于畏法。

译文

违犯了法律，也许还能四处躲避；若是触犯了天理，就没有安身之处了，因为就连我的心也不能放过自己。因此，君子畏惧天理更甚于畏惧法律。

目中有花，则视万物皆妄见也。耳中有声，则听万物皆妄闻也。心中有物，则处万物皆妄意也。是故此心贵虚。

译文

眼睛如果昏花，那么看一切事物都是虚幻模糊的。耳朵如果有“嗡嗡”作响的毛病，那么听到的一切都是不真实的。心中如果有顾虑与牵挂，那么处理一切事务时所产生的意识和判断也都是虚幻的。因此，人的心境能达到虚无的境地是最可贵的。

忘是不之病，助长是有心之病。心要从容自在，活泼于有无之间。

译文

遗忘是不用心造成的，助长则是刻意造成的。人心要从容自在，就要在真实、虚无间来去自由。

“静”之一字，十二时离不了，一刻才离便乱了。门尽日开阖[①]，枢常静；妍媸尽日往来[②]，镜常静；人尽日应酬，心常静。惟静也，故能张主得动，若逐动而去，应事定不分晓[③]。便是睡时此念不静，做个梦儿也胡乱。

注释

①**阖**：此处指关门。②**妍媸**：娇艳与丑陋。③**分晓**：指事情的底细或结果。

译文

“静”这个字，每时每刻都需要，一旦没有就会混乱。门扇每天不停地开合，而户枢永远静止；相貌好、坏的人每天到镜子跟前来，镜子却总是静的；人每天都有许多应酬，心却平静如水。只有静，才能沉着应对、从容处理事务，从而转化为动，如果随波逐流，人动我动，所做之事就一定不会有什么结果。即使在睡觉时，如果不保持宁静的心，所做的梦也一定会混乱荒诞。

把意念沉潜得下[①]，何理不可得？把志气奋发得起，何事不可做？今之学者，将个浮躁心观理，将个委靡心临事，只模糊过了一生。

注释

①**沉潜**：沉静潜伏。

译文

让心绪意念平静下来，什么样的道理不可领悟？让意志振作起来，什么样的事情做不成？现在的学者，用浮躁的心观察事理，用消沉的意志处理事情，只能糊里糊涂地过一生。

心平气和，此四字非涵养不能，工夫只在个定火[①]，火定则百物兼照，万事得理。水明而火昏。静属水，动属火，故病人火动则躁扰狂越，及其苏定[②]，浑不能记。苏定者，水澄清而火熄也。故人非火不生，非火不死；事非火不济，非火不败。惟君子善处火，故身安而德滋。

注释

①**定火**：这里指消除火性。②**苏定**：清醒而镇定。

译文

"心、平、气、和"四个字，没有内在的涵养无法做到，最重要的就是要消除火性。火性消除后万物就变得清晰明了，万事各得其理。水明亮，火昏暗。水性静，火性动，因此病人一旦发火就会狂躁不安，等他清醒安定后，一点也不记得病中的情形。苏醒安定，就是水澄清而火熄灭的时候。因此人没有火就不会出生，没有火也不会死亡；事情没有火就不能成功，没有火也不会失败。只有君子善于处理火，所以身体安康、德行滋长。

当可怨、可怒、可辩、可诉、可喜、可愕之际，其气甚平，这是多大涵养！

译文

当一个人能够去怨恨别人、能够对人发怒、能够为自己辩白、能够对人倾诉、值得高兴、值得惊讶的时候，他仍然能够做到心平气和、平心静气，这需要多大的涵养呀！

天地间真滋味，惟静者能尝得出；天地间真机括，惟静者能看得透；天地间真情景，惟静者能题得破。作热闹人，说孟浪语，岂无一得？皆偶合也。

译文

天地间的真滋味，只有静心之人才能尝到；天地间事物的关键所在，只有静心之人才能看得透；天地间的真情实景，也只有静心之人才能写得出。

看热闹的人，说鲁莽话的人，难道不会做对一件事，说对一句话吗？会也都是偶然巧合罢了。

未有甘心快意而不殃身者。惟理义之悦我心，却步步是安乐境。

译文

没有得意忘形而不遭殃的人。只有天理和仁义才能使我心愉悦，使我步步达到安逸快乐的境地。

自家好处掩藏几分，这是涵蓄以养深；别人不好处要掩藏几分，这是浑厚以养大。

译文

自己的长处要掩藏一些，这是用含蓄来培养自己的深厚德行；别人的缺点要替他掩藏一些，这是用浑朴厚道来培养自己宽大的胸怀。

宁耐是思事第一法[①]，安详是处事第一法，谦退是保身第一法，涵容是处人第一法[②]，置富贵、贫贱、死生、常变于度外，是养心第一法。

注释

①**宁耐**：宁静忍耐。②**涵容**：包涵宽容。

译文

宁静忍耐是思考问题的最好方法，安详是处理问题的最好方法，谦让隐退是保全身心的最好方法，宽容包涵是与人相处的最好方法，把那些富贵、贫贱、生死以及人生坎坷置之度外，是修身养性的最好方法。

胸中情景，要看得春不是繁华，夏不是发畅，秋不是寥落[①]，冬不是枯槁，方为我境。

注释

①**寥落**：稀少，冷落。

译文

心在思考问题时，只有达到看春天不是繁花似锦，看夏天不是生机勃勃，看秋天不是凄惨寥落，看冬天不是枯萎萧条，才能算是达到了自己最好的心境。

静里看物，欲如业镜照妖[1]。

注释

①**业镜**：佛教用语，此处指照妖的镜子。

译文

在虚静的状态下去看物，欲望就如同妖怪被照妖镜照到一样原形毕露。

“躁、心、浮、气、浅、衷、狭、量”，此八字，进德者之大忌也。去此八字，只用得一字，曰主静。静则凝重。静中境自是宽阔。

译文

“躁、心、浮、气、浅、衷、狭、量”这八个字，是追求道德进步之人的最大忌讳。去掉这八个字，只用一个字，即“静”。静能使人稳重深沉。宁静中心境自然海阔天空。

主静之力，大于千牛，勇于十虎。

译文

保持静的力量，大于千头壮牛的力量，勇猛超过十只老虎的威力。

君子洗得此心净，则两间不见一尘；充得此心尽，则两间不见一碍；养得此心定，则两间不见一怖；持得此心坚，则两间不见一难。

译文

君子如果将身心洗涤干净，那么天地间就看不到灰尘；如果让清净充满身心，那么天地间就看不到障碍；若身心彻底得以修养，那么天地间就看不到任何恐怖的情景；若身心保持坚定，那么天地间就看不到困难。

人只是心不放肆，便无过差；只是心不怠忽[1]，便无遗忘。

注释

①**怠忽**：怠惰疏忽。

译文

一个人只要心中不自我放纵，就不会出什么差错；只要心中不怠慢、不疏忽大意，就不会出现遗忘。

胸中只摆脱一“恋”字，便十分爽净，十分自在。人生最苦处，只是此心沾泥带水，明是知得，不能断割耳[①]。

注释

①**断**：这里指断然，干脆利索。

译文

只要心中能摆脱贪恋，就会觉得非常爽快明净、自由自在。人生中最令人痛苦的，就是内心被外界牵绊，拖泥带水，明明知道没有结果，偏偏又无法断然割舍。

此心果有不可昧之真知，不可强之定见，虽断舌可也，决不可从人然诺[①]。

注释

①**然诺**：指同意别人的意见。

译文

人的心中如果有不能扭曲的真知灼见，有不可更改的见解，那么即便要被割下舌头，也绝对不会盲从他人定夺是非。

举世都是我心，去了这我心，便是四通八达，六合内无一些界限。要去我心，须要时时省察这念头是为天地万物，是为我。

译文

世界上的万事万物都是我心的体现，去掉了我这颗私心，世界便四通八达，感觉整个宇宙海阔天空、无边无际。要忘却私心，就应该时时思考，看这个念头究竟是为了天地万物，还是为了我自己。

目不容一尘，齿不容一芥[①]，非我固有也。如何灵台内许多荆榛[②]，却自容得？

注释

①**芥**：比喻微小的事物。②**灵台**：指心灵。

译文

眼睛中容不得一点灰尘，齿缝中容不下一点饭屑，因为它们不是我所固有的。可是，人们的心灵里却荆榛丛生，人们怎么容得下呢？

手有手之道，足有足之道，耳目鼻口有耳目鼻口之道，但此辈皆是奴婢，都听天君使令。使之以正也，顺从；使之以邪也，顺从。渠自没罪过，若有罪过，都是天君承当。

译文

手有手的作用，脚有脚的作用，耳朵、眼睛、鼻子和嘴也各自有各自的作用，但这些都处于从属地位，都要听从心的指挥。无论心让它们怎样，它们都会顺从。它们自身并没有过错，若说有罪过，都应由心来承担。

心一松散，万事不可收拾；心一疏忽，万事不入耳目；心一执著，万事不得自然。

译文

思想一旦松散下来，什么事情都会变得无法收拾；思想一旦有所疏忽，什么事情都无法进入耳目；心思一旦过于固执，一切事情都难以适应自然规律。

久视则熟字不识，注视则静物若动。乃知蓄疑者乱真知，过思者迷正应。

译文

长时间注视着熟悉的字，反而觉得那个字不认识，长久注视静止的物体，反而觉得那个物体在动。这说明怀疑过多的人有时会迷惑于事情的真相，而思考过多的人有时会难以分辨是非曲直。

不存心，看不出自家不是。只于动静语默、接物应事时，件件想一想，便见浑身都是过失，须动合天则①，然后为是。日用间如何疏忽得一时？学者思之。

注释

①**天则**：指自然法则，客观规律。

译 文

若不进行自身修养，就不会发现自己的缺点。只要在行动、休息、说话、沉默、待人接物的时候，都能好好想一想，就会发现自己到处都有失误，必须使行动合乎天理，才算是正确的。在日常生活中，怎么能有一时的疏忽呢？做学问的人应反复考虑这个问题。

迷人之迷，其觉也易；明人之迷，其觉也难。

译 文

糊涂人虽然糊涂，但让他醒悟过来并不太难；聪明人一旦糊涂起来，想要让他醒悟就比较困难了。

心相信则迹者土苴也①，何烦语言！相疑则迹者媒孽也②，益生猜贰。故有誓心不足自明，避嫌反成自诬者，相疑之故也。是故心一而迹万。故君子治心不修迹，中孚治心之至也③。豚鱼且信，何疑之有？

注 释

①**苴**：大麻的雌株，开花后能结果实。这里泛指草木。②**媒孽**：指酝酿的过程。此处指搬弄是非的原因。③**中孚**：《周易》卦名。

译 文

只要相互信任，则彼此间的行为就像泥土与草木那样融洽，何须用言语来解释！如果彼此不信任，那么他们的言行就成了互相猜疑的根源，会加重猜疑的程度。因此，用发誓的形式表白也无用处，避嫌有时反而会招惹麻烦，这都是互相不信任的缘故。所以，心只有一个，但表现出的迹象却有万千。因而君子只注重内心的修养而不注重外在的表现，《周易·中孚》卦讲修心最为明白透彻。河豚尚且知道可以取得信任，人还有什么可以疑虑的呢？

君子畏天不畏人；畏名教不畏刑罚；畏不义不畏不利；畏徒生不畏舍生。

译 文

正人君子害怕天道，不害怕人；畏惧纲常名教，不畏惧刑杀体罚；只怕不合乎道义，不怕没有什么利益；只怕虚度一生，从不怕献身正义。

忍、激二字，是祸福关。

译文

忍和激这两个字，是灾祸和福气的关键所在。

殃咎之来[1]，未有不始于快心者。故君子得意而忧，逢喜而惧。

注释

①**殃咎**：指灾祸与令人愧疚的过失。

译文

灾祸和过失的出现，都是只图一时快活的缘故。因此，君子能够居安思危，得意时能想到忧愁，逢喜事时能感到恐惧。

天人合一

"天人合一"是中国古典哲学的根本观念之一，认为"天"就是"自然"的代表。"天人合一"有两层意思：一是天人一致。宇宙自然是大天地，人则是一个小天地。二是天人相应，或天人相通。是说人和自然在本质上是相通的，故一切人事均应顺乎自然规律，达到人与自然和谐相处。老子说："人法地，地法天，天法道，道法自然。"汉儒董仲舒则明确提出："天人之际，合而为一。""天人合一"的思想成为两千年来儒家思想的重要观点。

一念孳孳[1]，惟善是图，曰正思。一念孳孳，惟欲是愿，曰邪思。非分之福，期望太高，曰越思。先事徘徊，后事懊恨，曰萦思。游心千里，歧虑百端，曰浮思。事无可疑，当断不断，曰惑思。事不涉己，为他人忧，曰狂思。无可奈何，当罢不罢，曰徒思。日用职业，本分工夫，朝惟暮图，期无旷废，曰本思。此九思者，日用之间，不在此则在彼。善摄心者，其惟本思乎！身有定业，日有定务，暮则省白昼之所行，朝则计今日之所事，念兹在兹，不肯一事苟且，不肯一时放过，庶心有着落，不得他适，而德业日有长进矣。

注释

①**孳孳**：同"孜孜"，勤勉。

译文

每产生一个念头，都一心向善，叫作正思。每产生一个念头，都是为了经营自己的私欲，叫作邪思。对非分的荣福期望过高，叫作越思。事先犹豫不决，事后追悔不已，叫作萦思。心绪游于千里之外，不同的想法千头万绪，叫作浮思。事情本来无可疑之处，却当断不断，叫作惑思。事不关己，替他人担忧，叫作狂思。无可奈何却当罢不止，叫作徒思。对自己的日常生活、职业本分，整天思虑，以期不致荒废，叫作本思。这九思，生活中我们不是想这个就是想那个。善于养心之人只有本思。一个人自身有固定职业，每天有一定任务，夜夜思考白天要做的事，晨起则计划今天要做的事，想什么做什么，不肯马虎一事，不肯放松一时，只有这样，心才会踏实有着落，不去想那些与自身毫不相干的事情，道德品质与事业才会日日有所长进。

学者只多忻喜心，便不是凝道之器。

译文

做学问的人，内心如果有过多的欢乐，那他就无法进一步深造。

小人亦有坦荡荡处，无忌惮是已；君子亦有常戚戚处，终身之忧是已。

译文

小人也有胸怀坦荡的时候，那是因为他们对任何事情都无所顾忌；君子也常忧心忡忡，那是因为他们始终都充满忧患意识。

儒　学

儒出身于"士"，又以教育和培养"士"为己任。"士"即"仕"，原始儒家学说也可以说是为国家、社会培养官吏的学说，是"士"的文化。荀子《儒效》曰："儒者，在本朝则美政，在下位则美俗。""美俗"就是要不断修身，提高道德品质，以身作则；"美政"则要"善调一天下"，为社会制订各种礼仪规范、政法制度等，以安定社会秩序和富裕百姓生活。儒家学说如果从孔子算起，绵延至今已有两千五百余年的历史了。

只脱尽轻薄心，便可达天德[①]。汉、唐以下儒者，脱尽此二字不多人。

注释

①**天德**：思想品德的至高境界。

译文

一个人只要完全摆脱了轻薄之心，就可以达到思想品德的至高境界。汉、唐以后的儒者，真正能够摆脱轻薄两字的没有几个。

斯道这个担子，海内必有人负荷[①]。有能慨然自任者，愿以绵弱筋骨，助一肩之力，虽走僵死不恨。

注释

①**负荷**：承担。

译文

道义这副担子，世上必定有人勇于承担。有能慨然自愿承担道义的人，甘愿用绵弱的身体，以绵薄之力去承担它，即使舍生取义也决不言悔。

耳目之玩，偶当于心，得之则喜，失之则悲，此儿女子常态也。世间甚物与我相关，而以得喜，以失悲耶？圣人看得此身亦不关悲喜，是吾道之一囊橐耳①。爱囊橐之所受者，不以囊橐易所受，如之何以囊橐弃所受也？而况耳目之玩，又囊橐之外物乎？

注释

①**囊橐**：袋子，口袋。

译文

赏心悦目之物，偶尔心中喜欢，得到了便会高兴，失去了便会悲伤，这是一般人的心态。世界上有什么东西与我相关，能让我得之喜而失之悲呢？圣人将自己和悲欢看得并不重要，认为身体只不过是装载道义的口袋。喜欢口袋中装载的东西，不会因为口袋来变换这些东西，怎么会为了口袋而抛弃装载的东西呢？更何况赏心悦目之物只是身外之物呢？

寐是情生景，无情而景者，兆也。寤后景生情，无景而情者，妄也。

译文

进入梦乡是因思虑而产生的景象，没有思虑而产生景象只是一种征兆。醒来时，因景而生情，没有景象而产生思虑，这就是一种虚幻。

人情有当然之愿，有过分之欲。圣王者，足其当然之愿，而裁其过分之欲，非以相苦也。天地间欲愿，止有此数，此有余而彼不足，圣王调剂而均厘之，裁其过分者，以益其当然。夫是之谓至平，而人无淫情，无觖望①。

注释

①**觖(jué)望**：因不满而怨恨。

译文

人们有正常的愿望，也有过分的贪欲。圣王满足人们合理的愿望而限制过分的欲求，这并不是要人们受苦。人间的欲望是个定数，满足这一个，那一个就欠缺，圣王只是协调均匀它们，削减多余的而补充不足的，使其达到合理。这就是所谓的至平，这样人们就不会有过分的情欲，也不会有过分的抱怨。

恶恶太严，便是一恶；乐善甚亟，便是一善。

译文

对坏的东西过分痛恨也是一种恶，对善的东西喜爱之至也是一种善。

只有一毫粗疏处[①]，便认理不真，所以说惟精；不然，众论淆之而必疑[②]。只有一毫二三心，便守理不定，所以说惟一；不然，利害临之而必变。

注释

①**粗疏**：指粗心疏忽。②**淆**：混淆，错乱。

译文

只要有那么一点点的粗心大意，就不能正确地把握真理，所以务必要精心细致；否则，就会被别人的议论扰乱而产生怀疑。只要有一点点的三心二意，就不能很好地把握住真理，所以说最关键的就是专一；不然的话，遇上利害冲突的时候就会动摇。

种豆其苗必豆，种瓜其苗必瓜。未有所存如是，而所发不如是者。心本人欲，而事欲天理；心本邪曲[①]，而言欲正直，其将能乎？是以君子慎其所存。所存是，种种皆是；所存非，种种皆非，未有分毫爽者。

注释

①**邪曲**：邪恶扭曲，指不正经的邪恶念头。

译文

种豆得豆，种瓜得瓜。绝没有撒下的种子与长出的植物不相符合的。心中的想法本来是人欲，做出的事却想符合天理；心本来是邪曲的，却想说出正直不阿的话来，这能办到吗？所以君子谨慎对待自己内心所存之物。假如心中存在的是正气，其行为就会正确；假如心中存在的是邪气，其行为必定是邪恶的，这个道理不差分毫。

属纩之时[1]，般般都带不得，惟是带得此心，却教坏了，是空身归去矣。可为万古一恨。

注释

①**属纩**：指人临死之时。

译文

人要死的时候，一样东西也不能带走，只有自己的心可以带走，如果这颗心变坏了，将会一无所有，空身而去。这真是万古的憾事。

吾辈所欠，只是涵养不纯不定，故言则矢口所发，不当事，不循物，不宜人，事则恣意所行，或太过，或不及，或悖理。若涵养得定，如熟视正鹄而后开弓，矢矢中的；细量分寸而后投针，处处中穴。此是真正体验实用工夫。总来只是个沉静，沉静了发出来，件件都是天则。

译文

我们这些人的缺点，只是内在的涵养不纯不定，因而说起话来脱口而出，不能应对眼前的事物，不能依循万事的道理，不能满足别人的需要，做起事来恣意妄为，或是太过分，或是做得不够，或是违背了事理。倘若涵养充足，就像认准靶心再拉弓射箭一样，每一箭都正中目标；像仔细判断穴位后再扎针一样，每一针都正中穴位。这是真正的人生经验和实用的功夫。总的来说只要是保持镇静，冷静地处理每件事情，就会样样符合天道。

定静中境界[1]，与六合一般大，里面空空寂寂，无一个事物，才问他索时，般般足、样样有。

注释

①**定静**：指一种思想境界。

译文

一个人的心境处在十分宁静空明的状态时，他的思想就广阔如天地四方，里面空荡无物，但若仔细探索，就会发现它无所不包。

天地万物之理，出于静，入于静；人心之理，发于静，归于静。静者，万理之橐籥[1]，万化之枢纽也[2]。动中发出来，与天则便不相似。故虽暴肆之人，平旦皆有良心，发于静也；过后皆有悔心，归于静也。

注释

①**橐籥(yuè)**：古时冶铁用来鼓风的器具。此处指关键所在。②**枢纽**：起决定性作用的部分。

译文

天地万物的理数，出于静，又入于静；人心的理数，发之于静，又归之于静。静是各种理的关键，是各种变化的枢纽。如果从动中发出来，与自然法则便不会相似。所以，即使是暴怒狂肆的人，清晨也会良心出现，这是由于发于静的缘故；事情过后都会产生悔过之心，这是由于归于静的缘故。

心要虚，无一点渣滓[①]；心要实，无一毫欠缺。

注释

①**渣滓**：此处指污秽、不干净的东西。

译文

心要保持虚静，不允许有一点点不干净的东西；心要保持充盈，不允许有一丝一毫的欠缺。

只一事不留心，便有一事不得其理；一物不留心，便有一物不得其所。

译文

只要对一件事不小心谨慎，便会使这件事不合乎事理；如果不曾留心一件物品，那么将会忘记这件物品存放何处。

只大公了，便是包涵天下气象。

译文

只有大公无私，才可以容纳得下世间的万事万物。

士君子作人，事事时时只要个用心。一事不从心中出，便是乱举动；一刻心不在腔子里，便是空躯壳。

译文

君子在为人处世方面，每时每事都要认真用心去做。如果有一件事没有用心思考，就是盲目的行动；如果有一刻不用心行事，便会成为一个没有思想的空躯壳。

古人也算一个人，我辈成底是什么人？若不愧不奋，便是无志。

译文

古代人也是人，而我们现代人到底该算什么样的人呢？如果没有愧疚不发奋上进，那实在是太没有志气了。

圣、狂之分，只在苟、不苟两字。

译文

圣人与狂徒的区别，就在于为人处世方面是否随便。

无技痒心[①]，是多大涵养！故程子见猎而痒。学者各有所痒，便当各就痒处搔之。

注释

①**技痒**：指对某种技艺有所擅长，遇到机会就想展示，就像身体发痒一样难以自制。

译文

虽有专长却不热衷于展示，这是有多么深的涵养呀！因此，程颐看到打猎便会有所心动。做学问的人都会有各自动心的地方，所以应该在动心之处狠下一番功夫。

欲，只是有进气无退气；理，只是有退气无进气。善学者审于进退之间而已。

译文

欲望，只是有进取之气而无退缩之气；天理，只是有退缩之气而无进取之气。善于修身养性的人懂得审视进退之间的辩证关系而已。

恕心养到极处，只看得世间人都无罪过。

译文

当宽恕之心培养到最高境界时，看世上的人就会觉得他们都没有罪过。

物有以慢藏而失[1],亦有以谨藏而失者。礼有以疏忽而误,亦有以敬畏而误者。故用心在有无之间。

注 释

①**慢藏**:指漫不经心地收藏。

译 文

有的东西因为不经意地放置而丢失,也有因过于谨慎地收藏而丢失的。礼仪有因疏忽而出现差错的,也有因过于敬重而出现差错的。所以,做一件事的用心应当在有无之间,既不刻意,也不大意。

说不得真知明见,一些涵养不到,发出来便是本象[1]。仓卒之际,自然掩护不得。

注 释

①**本象**:即本来的样子。

译 文

不能说自己有真知灼见,如果涵养方面还有一些欠缺,行为举止中就会暴露自己的本来面目。遇事处理得过于仓促,自然难以掩盖事物的本来面目。

欲理会七尺,先理会方寸[1];欲理会六合,先理会一腔。

注 释

①**方寸**:即心灵。

译 文

想要了解一个人,必须首先了解他的内心世界;想要了解整个世界,必须首先了解一个人。

静者生门,躁者死户。

译 文

虚静是保存生命的关键,暴躁是走向死亡的通道。

士君子一出口，无反悔之言；一动手，无更改之事。诚之于思故也。

译文

正人君子一言既出，绝不反悔；一旦动手做事，便没有再更改的。这是因为事先深思熟虑的缘故。

只此一念公正了，我于天地鬼神通是一个，而鬼神之有邪气者，且跧伏退避之不暇。庶民何私何怨，而忍枉其是非，腹诽巷议者乎？

译文

只要这一个念头正确了，我就和天地鬼神之类的东西合为一体了，虽然鬼神有邪气，邪气也会隐匿起来，退却避开都唯恐不及。老百姓有什么私心和怨气，怎么忍心颠倒是非、街谈巷议呢？

俭则约，约则百善俱兴[①]；侈则肆[②]，肆则百恶俱纵。

注释

①**百善**：各种各样的善行。②**肆**：放纵，放肆。

译文

勤俭才能节约，节约则能百善俱兴；奢侈就会放肆，放肆必然百恶俱纵。

天下国家之存亡，身之生死，只系"敬、怠"两字。敬则慎，慎则百务修举。怠则苟，苟则万事隳颓[①]。自天子以至于庶人，莫不如此。此千古圣贤之所兢兢，而世人之所必由也。

注释

①**隳颓**：荒废，毁败。

译文

天下的安危，国家的存亡，个人的生死，就在"敬、怠"两字上。心存敬畏，行动就会小心谨慎，谨慎了，做任何事都会成功。心里懈怠就会马虎，一旦马虎，什么事都做不成。上至天子，下至老百姓，没有不是这样的。自古以来，圣贤之所以谨慎，世人之所以会失败，原因便在于此。

每日点检，要见这念头自德性上发出，自气质上发出，自习识上发出，自物欲上发出，如此省察，久久自识得本来面目。初学最要知此。

译文

每天都要进行自我反省，要审察自己的念头是从德行上还是从气质上、习惯上还是从物欲上产生的，这样反复省察自身，久而久之就会认识到自己的本来面目。初学之人，更是应该这样。

道义心胸发出来，自无暴戾气象①，怒也怒得有礼。若说圣人不怒，圣人只是六情。

注释

①**暴戾**：即凶暴乖戾。

译文

道义之心是发自内心的，自然就不会有粗暴的表现，即便是发怒，也不会失礼。如果说圣人不会发怒的话，那是因为圣人只有六情罢了。

气盛便没涵养。

译文

过于盛气凌人的话，就会显得没有涵养。

伦理

宇宙内大情种，男女居其第一。圣王不欲裁割而矫拂之①，亦不能裁割矫拂也。故通之以不可已之情，约之以不可犯之礼，绳之以必不赦之法，使纵之而相安相久也。圣人亦不若是之亟也，故五伦中，父子、君臣、兄弟、朋友，笃了又笃，厚了又厚，惟恐情意之薄。惟男女一伦，是圣人苦心处，故有别先自夫妇始。本与之以无别也，而又教之以有别，况有别者而肯使之混乎？圣人之用意深矣！是死生之衢②，而大乱之首也，不可以不慎也！

注释

①**矫**：纠正。**拂**：违背。②**衢**：指四通八达的道路。

译文

世界上的大情种，男女居于第一位。圣王不愿意裁制和违反这种感情，实际上也做不到。因此用不能停顿的情感来让他们交往，用不可违背的礼节来约束他们，用不能赦免的法律来纠正他们，即使男女之情任其发展，也能相安无事而长久。圣人也并非到此为止了，所以在五伦之中，父子、君臣、兄弟、朋友，真诚笃厚到无以复加，唯恐情义太薄。只有男女这一伦是圣人最用心良苦的地方，因此男女有别先从夫妇开始。本来夫妇之间是没有差别的，却还要教育他们要有别，更何况那些应当有别的又怎好使其相混呢？圣人的用心这么良苦！是因为它关系到生死之路，是大乱的首要问题，不可以不慎重啊！

亲母之爱子也，无心于用爱，亦不知其为用爱，若渴饮饥食然，何尝勉强？子之得爱于亲母也，若谓应得习于自然，如夏葛冬裘然，何尝归功？至于继母之慈，则有德色，有矜语矣①。前子之得慈于继母，则有感心，有颂声矣。

注释

①**矜语**：指可夸耀居功。

译文

母亲爱自己的孩子，不会总是用心想着去爱，也不知道自己的所作所为就是在爱。这种爱就如同渴了要喝水，饿了要吃东西那样自然，哪里能勉强得来呢？子女从母亲那里得来的爱，认为是自然而然的，就好像夏天要穿葛衣、冬天要穿裘衣一样，又何尝会赞美母亲呢？至于继母疼爱丈夫跟前妻的孩子，要么做出想让人赞美的脸色，要么夸耀于别人。先母所生的孩子得到继母的慈爱，内心就会感动，口里就会发出颂歌了。

一家之中，要看得尊长尊，则家治。若看得尊长不尊，如何齐他得？其要在尊长自修。

译文

在一个家庭之内，家长要有尊严，这样家庭才能治理得好。若家长没有尊严的话，那么这个家怎么可能治理得好？治理好家庭的关键是家长要加强自身的修养。

人子之事亲也，事心为上，事身次之，最下事身而不恤其心，又其下事之以文而不恤其身。

译文

子女侍奉父母，应该把关心、体贴父母的心思放在首位，关照父母的身体放在第二位，最差的是光照顾父母的身体而不去体谅他们的心思，比这更差的是光讲空话而不用实际行动去照顾父母的身体。

孝子之事亲也，礼卑伏如下仆，情柔婉如小儿。

译文

孝子侍奉双亲时，在礼节上要谦卑，如同仆人一样，而在情感上则要柔婉，如同小儿一样。

进食于亲，侑而不劝[①]；进言于亲，论而不谏；进侍于亲，和而不庄；亲有疾，忧而不悲。身有疾，形而不声。

注释

①**侑**：陪伴。

译文

和父母一起进餐时，只作陪而不要去劝食；向父母进言，只讲明道理而不要劝谏；服侍父母起居时，态度要和蔼而不要过于拘束；父母有病时，心中忧伤但不要悲悲泣泣。自己有病时，虽然面容难受，但不要声张。

侍疾忧而不食，不如努力而加餐。使此身不能侍疾，不孝之大者也。居丧羸而废礼[①]，不如节哀而慎终。此身不能襄事[②]，不孝之大者也。

注释

①**羸**：虚弱。②**襄事**：指处理事务。

译文

侍奉生病之人而因之忧愁得吃不下东西，还不如尽力多吃一点。如果使自己因此也抱病的话，就无法再侍奉他们了，这便是大不孝。办丧事期间，如果因悲哀使身体垮掉而办不了丧事，倒不如节哀顺变将丧事办完。如果自己不能亲自办理丧事，这就是大不孝了。

朝廷之上，纪纲定而臣民可守，是曰朝常。公卿大夫，百司庶官，各有定法，可使持循，是曰官常。一门之内，父子兄弟，长幼尊卑，各有条理，不变不乱，是曰家常。饮食起居，动静语默，择其中正者，守而勿失，是曰身常。得其常则治，失其常则乱。未有苟且冥行[①]，而不取败者也。

注释

①**冥行**：黑暗中摸着行动，意为不按常道行事。

译文

在朝廷上，只有国家的法律制度完备了，臣民才会有法可依，这是朝常。公卿大夫、文武百官各有各的法规可以作为依据，这是官常。一家之中，父子兄弟、长幼尊卑也各有秩序，不会变动混乱，这是家常。吃饭睡觉、动静言谈也按照中道而行，不偏不倚，这是身常。依照常道去做事就会有条理，违反了常道就会造成混乱。没有得过且过、草率行事而不造成失败的。

雨泽过润，万物之灾也；恩宠过礼，臣妾之灾也；情爱过义，子孙之灾也。

译文

雨水过多的话，万物就会遭受灾难；恩宠超过礼节范围的话，臣妾也会遭受灾难；情爱超过了义理的限度，子孙也会遭受灾难。

人心喜则志意畅达，饮食多进而不伤，血气冲和而不郁，自然无病而体充身健，安得不寿？故孝子之于亲也，终日乾乾[①]，惟恐有一毫不快事到父母心头。自家既不惹起，外触又极防闲，无论贫富、贵贱、常变、顺逆，只是以悦亲为主。盖“悦”之一字，乃事亲第一传心口诀也。既不幸而亲有过，亦须在“悦”字上用工夫。几谏积诚，耐烦留意，委曲方略[②]，自有回天妙用。若直诤以甚其过，暴弃以增其怒，不悦莫大焉。故曰：不顺乎亲，不可以为子。

注释

①**乾乾**：自强不息，这里指尽力。②**委曲**：这里指曲身折节，以示谦逊。

译文

人的内心喜悦，那么情绪就会舒畅通达，食欲增加而不伤害身体，气血通畅而不郁结，身体就非常健壮没有毛病，这样怎么会不长寿呢？因此孝子对父母，要每天尽力服侍，唯恐有什么不愉快的事情发生。在自家里既不惹事，又防止外人干扰，不论是贫富、贵贱、常变、顺逆，只以使父母高兴为主要目的。“悦”这个字，是侍奉父母的最大秘诀。就算是双亲有了过错，也必须在“悦”字上下功夫。要耐心诚恳地劝说，多方面想办法，委曲谨慎，自然就会有回天之术。假若直言不讳地指出父母的过失，或拒不理睬，必然会增加父母的过失和愤怒，那样会使父母极不高兴。因此说：不孝顺父母，就是不称职的子女。

长者有议论，唯唯而听，无相直也①。有咨询，謇謇而对无遽尽也②。此卑幼之道也。

注释

①**相直**：指相互争论取直。②**謇謇**：指正直。

译文

长辈在说话的时候，要恭恭敬敬地听着，不要与之争论。长辈若是有事询问，要恭敬耐心地回答，不要慌张吞吐。这是晚辈对待长辈应有的态度。

阳称其善，以悦彼之心，阴养其恶，以快己之意，此友道之大戮也①。青天白日之下，有此魑魅魍魉之俗，可哀也已！

注释

①**戮**：病害。

译文

表面上夸奖他做得好来讨他的欢心，内心却想让他不断变坏来使自己快意，这是交朋友的大害。光天化日之下，竟有如此见不得人的勾当，真是可悲啊！

古称君门，远于万里，谓情隔也。岂惟君门，父子殊心，一堂远于万里；兄弟离情，一门远于万里；夫妻反目，一榻远于万里。苟情联志通，则万里之外，犹同堂共门，而比肩一榻也。以此推之，同时不相知，而神交于千百世之上下亦然。是知离合在心期，不专在躬逢①。躬逢而心期，则天下至遇也。君臣之尧、舜，父子之文、周，师弟之孔、颜。

注释

①**躬逢**：亲身相遇。

译文

古人说君门远隔万里，这是说的情感上的距离。难道只有君门吗？如果父子之间有二心的话，虽处于一堂之内也远于万里；若兄弟离情，同在一门也远于万里；若夫妻反目，虽同在一榻也远于万里。如果情谊相通，虽远隔万里，也会如同尝共门，比肩一榻。照这样说来，有的同在一个时代而不互相理解，有的虽远隔百世仍能神交心通。由此可知离合是指两心是否相通，而不专指亲身相遇。若亲身相遇又两心相通，这就是世间的至交相逢。君臣中的尧、舜，父子中的周文王、周武王，师徒之中的孔子、颜回，就是这种至交相逢的典型。

“隔”之一字，人情之大患，故君臣、父子、夫妇、朋友、上下之交，务去“隔”。此字不去，而不怨叛者，未之有也。

译文

“隔”这个字是人情交际中的一大障碍，因此，在君臣、父子、夫妇、朋友、上下之间的交往中，务必除去“隔”字。这个字如果不去掉，就会有怨恨、背叛的事情出现。

仁者之家，父子愉愉如也，夫妇雍雍如也①，兄弟怡怡如也②，僮仆訢訢如也③，一家之气象融融如也。义者之家，父子凛凛如也，夫妇嗃嗃如也④，兄弟翼翼如也，僮仆肃肃如也⑤，一家之气象栗栗如也。仁者以恩胜，其流也知和而和；义者以严胜，其流也疏而寡恩。故圣人之居家也，仁以主之，义以辅之，洽其太和之情，但不溃其防斯已矣。其井井然，严城深堑，则男女之辨也，虽圣人不敢与家人相忘。

注释

①**雍雍**：指鸟的和鸣声，比喻和睦。②**怡怡**：和乐的样子。③**訢訢**：敬谨的样子。④**嗃嗃**：严厉的样子。⑤**肃肃**：谨慎、恭敬的样子。

译文

仁者的家庭，父子之间和睦相处，夫妻之间恩恩爱爱，兄弟之间情深义重，僮仆之间敬谨欢乐，一家人的气氛融洽和睦。义者的家庭，父子之间严肃庄重，夫妻之间恭谨严厉，兄弟之间恭敬庄重，僮仆之间小心翼翼，一家人的气氛谨慎凝重。仁者以恩情取胜，处理事情该和则和；义者以严肃取胜，处理家务冷淡而无情。因此，圣人处理家务，以仁为主，以义为辅，使家人之间融洽和谐，但又不至于破坏礼仪。使家庭内部井然有序，严加防备的，则是男女之分，即使是圣人，在家人之间也不敢忘记这一点。

父在居母丧，母在居父丧，以从生者之命为重，故孝子不以死者忧生者，不以小节伤大体，不泥经而废权[①]，不徇名而害实[②]，不全我而伤亲。所贵乎孝子者，心亲之心而已。

注释

①**经**：常规。**权**：权变。②**徇名**：指只图名分。

译文

父亲在而母亲去世，或者是母亲在而父亲去世，应当以生者的愿望为主，因此，孝子不会因为死去的人而使在世的人忧愁，不因为小节而伤大体，不因固守常理而废权变，不会因为名利而害实，不会为了保全个人而伤害亲人。对孝子来说，最为可贵的就是能够按照亲人的心愿办事。

天下不可一日无君，故夷、齐非汤、武[①]，明臣道也，此天下之大防也。不然，则乱臣贼子接踵矣[②]，而难为君。天下不可一日无民，故孔、孟是汤、武，明君道也。此天下之大惧也。不然，则暴君乱主接踵矣，而难为民。

注释

①**夷**：指伯夷。**齐**：指叔齐。②**踵**：追随。

译文

天下不可一日没有君主，所以伯夷、叔齐指责商汤、周武王，是明确为臣的礼数，这是天下的大防。否则，乱臣贼子就会接踵而至，君王就难以持政。天下不可一日没有百姓，所以孔子、孟子称赞商汤、周武王，是明确为君的礼数，君王之道不明是世上最令人害怕的事。否则，暴君乱主就会接踵而至，使百姓难以生存。

爵禄恩宠，圣人未尝不以为荣，圣人非以此为加损也。朝廷重之以示劝，而我轻之以示高，是与君忤也。是穷君鼓舞天下之权也。故圣人虽不以爵禄恩宠为荣，而未尝不荣之，以重帝王之权，以示天下帝王之权之可重，此臣道也。

译文

加官进禄、受人恩宠，圣人未尝不以为荣耀，但圣人也并不会以为这会对自己的地位有什么提高或损害。朝廷重视这些东西是为了显示功劳，以示劝勉，而我轻视这些东西是为了显示清高，这与君王是相互忤逆的。这种做法只能破坏君主振奋天下人心的权力。所以圣人虽然不以爵禄恩宠为荣，但仍欣然接受这些东西，以此来使帝王的权威显著，显示天下帝王之权的重要性，这是为臣的本分。

孝子侍亲，不可有沉静态，不可有庄肃态，不可有枯淡态[①]，不可有豪雄态，不可有劳倦态，不可有病疾态，不可有愁苦态，不可有怨怒态。

注释

①**枯淡**：呆板冷淡。

译文

孝子在服侍父母的时候，不应该流露深沉静寂的神态，不应该露出庄严肃穆的神态，不能表露出呆滞冷淡的神态，不可有豪情满怀的神态，不能有疲惫倦怠的神态，不能露出疾病缠身的神态，不能露出愁眉苦脸的神态，不能有怨恨动怒的神态。

子弟生富贵家，十九多骄惰淫逸，大不长进。古人谓之"豢养"，言甘食美服，养此血肉之躯与犬豕等。此辈阘茸[①]，士君子见之为羞，而彼方且志得意满，以此夸人，父兄之孽，莫大乎是。

注释

①**阘茸**：卑贱，低劣。

译文

生于富贵人家的子弟，十之八九都是性情骄惰、不求上进的人。古人称为“豢养”，是说吃美食穿锦衣，保养得很好的血肉之躯却同饲养的猪狗一般。这种低劣的人，正人君子见了他们都感到羞愧，但是他们却踌躇满志，自以为是，且以他们自己养尊处优的地位向人自夸，父兄的罪过，莫过于养了这样的人。

男女远别，虽父女母子兄妹姊弟，亦有别嫌明微之礼。故男女八岁不同食。子妇事舅姑，礼也，本不远别，而世俗最严翁妇之礼，影响间即疾趋而藏匿之，其次夫兄弟妇相避，此外一无所避，已乱纲常，乃至叔嫂姊夫妻妹妻弟之妻，互相嘲谑[1]，以为常，不几于夷风乎？不知古者远别，止于授受不亲，非避匿之谓，而男女所包甚广，自妻妾外，皆当远授受之嫌。爱礼者不可不明辨也。

注释

①**嘲谑**：嘲讽，戏谑。

译文

男女应远隔，即使是父女、母子、兄妹、姊弟，也应当有礼节来使他们严格区分，以避嫌疑。因而男女八岁便不应同席吃饭。儿媳侍奉公公是礼制，本来不需要相互疏离，但世间最严格的礼节就是儿媳与公公之间的礼节，稍有风吹草动，就应当回避，其次是丈夫的兄弟和弟弟的媳妇要互相回避，除此之外没有避嫌的话，已经乱了纲常，甚至叔嫂、姊夫、妻妹、妻弟之妻之间相互戏弄，而习以为常，不是近于粗野了吗？不了解古代的男女有别，是指授受不亲，而不是要相互躲避，而男女的范围包括很广泛，自妻妾以外的，都应避免授受不亲之嫌。喜欢遵照礼制行事的人应明确分辨。

子、妇事人者也，未为父兄以前，莫令奴婢奉事，长其骄惰之性[1]。当日使勤劳，常令卑屈，此终身之福，不然，是杀之也。昏愚父母，骄奢子弟，不可不知。

注释

①**长**：指助长，滋长。

译文

儿子、媳妇侍奉父母，在未成为父兄之前，不要让奴婢代职，以助长他们自身的骄惰。应当让他们每日劳作，让他们觉得自己身份卑贱，这才是一生一世可以享用的福分。如果不这样，就是以骄奢懒惰来扼杀他们了。不明事理的父母，骄奢的子女，不能不知道这一点。

问安问侍者，不问病者。问病者，非所以安之也。

译文

慰问身体健康，不要问病人本人，而要问侍奉他的人。如果问患者本人，就不知道如何去安慰他了。

丧服之制，以缘人情，亦以立世教，故有引而致之者，有推而远之者，要不出“恩义”两字，而不可晓亦多。观会通之。君子当制作之权，必有一番见识，泥古非达观也。

译文

居丧时该穿什么衣服，这是根据人情来定的，也是为了教导世人，因此有的人引用遵循，有的人就推辞不用，但大致都要从“恩义”二字出发，然而其中弄不清楚的地方也不少。仔细观察便会明白。君子有控制制礼作乐的权力，必定有一定的见识，拘泥于古制就没有创新。

亲没而遗物在眼，与其不忍见而毁之也，不若不忍忘而存之。

译文

亲人去世了，遗物还在眼前，与其不忍看见这些遗物而毁坏它们，不如不忍忘却而将它们保存起来。

慎言之地，惟家庭为要；应慎言之人，惟妻子、仆隶为要；此理乱之原，而祸福之本也。人往往忽之。悲夫！

译文

谨慎小心说话的地方，唯有家里最重要；应该慎重与其交谈说话的人，就是妻子儿女和仆人；这是家庭和顺或动乱的本源，也是祸福的根本。人们常常忽视这一点。可悲呀！

门户可以托父兄，而丧德辱名非父兄所能庇；生育可以由父母，而求疾蹈险非父母所得由，为人子弟者不可不知。

译文

家境的贫穷和富贵可以依靠父母与兄长，然而道德丧失和名誉扫地的事却不是父兄所能庇护的；自己的出生可以由父母决定，但身患疾病、蹈入险境却不是父母的原因，做子女的不能不知道这一点。

齐以刀切物，使参差者就于一致也。家人恩胜之地，情多而义少，私易而公难。若人人遂其欲，势将无极。故古人以父母为严君，而家法要威如。盖对症之治也。

译文

要达到整齐就用锋利之刀将物品切断，能使参差不齐的东西长短一致。家是让人最为思恋的地方，情感丰富义理少，为私易而为公难。假若每个人都放纵自己的私欲，势必导致不可收拾的局面。所以古人把父母比作严厉的君主，应严格施行家法。这是对症下药的办法。

闺门之中，少了个礼字，便自天翻地覆，百祸千殃[①]，身亡家破，皆从此起。

注释

①**百祸千殃**：指灾祸不断。

译文

家庭中如果对妻子儿女不加礼教约束，将会天翻地覆，灾难接连不断乃至家破人亡，这都是因为缺少礼教而引起的。

家长，一家之君也。上焉者，使人欢爱而敬重之，次则使人有所严惮，故曰“严君”。下则使人慢，下则使人陵[①]，最下则使人恨。使人慢未有不乱者，使人陵未有不败者，使人恨未有不亡者，呜呼！齐家岂小故哉？今之人皆以治生为急[②]，而齐家之道，不讲久矣。

注释

①**陵**：受人欺凌。②**治生**：整治家业，经营生计。

译文

家长是一家之主。好的家长受到子女的爱戴和尊敬,次等的让子女感到威严,称为"严君"。再次等的则让子女轻视,再次等的让人欺侮,最差的让人怨恨。家长受人轻视与怠慢,家庭就没有不混乱的;家长受人欺侮,家庭就不可能不衰败;家长遭人怨恨,家庭不可能不衰亡。唉!治家创业经营生计又怎么能算小事呢?现在的人都把谋生之道作为当务之急,而对于整治家业的方法却很久没有人重视了。

儿女辈常着他拳拳曲曲,紧紧恰恰,动必有畏,言必有惊,到自专时,尚不可知。若使之快意适情,是杀之也。此愚父母之所当知也。

译文

对于子女,要让他们行为谨慎,中规中矩,行动有所畏惧,出言有所忌讳,即使这样,到他们自立门户时也还不知道会怎么样。假如让他们为所欲为,随心所欲,那将毁了他们。这是那些愚蠢的父母所应当明白的道理。

曲木恶绳,顽石恶攻,责善之言,不可不慎也。

译文

弯曲的木头难以用绳墨衡量,坚固的石头难以雕琢,劝人向善的言语不可不慎重。

恩礼出于人情之自然,不可强制。然礼系体面,犹可责人;恩出于根心,反以责而失之矣。故恩薄可结之使厚,恩离可结之使固。一相责望,为怨滋深。古父子、兄弟、夫妇之间,使骨肉为寇仇,皆坐"责"之一字耳[①]。

注释

①**坐**:因为,由于。

译文

恩泽与礼节出于人情自然,不能强制。但礼节关乎颜面,还能因此而埋怨别人;而恩义却是从内心深处生成的,强迫别人做反而丢失了。所以,恩义浅薄可用结交的手段来让它加深;恩义离散可以密切往来使其牢固。一旦相互责备，就会滋生无尽的怨恨。古代父子、兄弟、夫妇之间，骨肉成了仇敌，都因为“责”这一个字罢了。

责善之道，不使其有我所无，不使其无我所有，此古人之所以贵友也。

译文

劝善的道理，不强令别人有我所没有的品行，也不勉强别人没有我所具有的品质，这就是古人之所以珍重朋友的原因。

母氏圣善，我无令人，孝子不可不知。臣罪当诛兮，天王圣明，忠臣不可不知。

译文

母亲贤圣善良，我却非有德之人，孝子应当谨记于心。人臣罪当诛杀，天子却永远圣明，忠臣也当铭刻于心。

谈　道

庙堂之乐，淡之至也，淡则无欲。无欲之道，与神明通。素之至也，素则无文①，无文之妙，与本始通②。

注释

①**文**：文采。②**本始**：本根，这里指道。

译文

庙堂的音乐，听起来清淡至极，清淡就没有欲望相困扰。没有欲望，就会与神明相通。朴素到极致，就没有什么文采，没有文采的妙处，在于它与本源相通。

真器不修，修者伪物也；真情不饰，饰者伪交也。家人父子之间，不让而登堂，非简也；不侑而饱食，非饕也①。所谓真也，惟待让而入，而后有让亦不入者矣；惟待侑而饱，而后有侑亦不饱者矣。是两修文也，废文不可为礼②，文至掩真，礼之贼也。君子不尚焉。

注释

①**饕**（tāo）：贪食。②**文**：文雅。此指礼的形式。

译 文

真正的器物从不修饰，修饰后就不真实了；真正的情感也从不粉饰，粉饰后就显得虚矫。居家之时父子之间互不避让走进厅堂，并非简慢；互不相劝就吃得很饱，也不是贪馋。所谓“真”，如果只有等别人相让才进来，以后就会有即使相让也不进来的人了；如果只有别人相劝才吃饱，以后就会有劝也不吃饱的人了。这是双方过于文饰的缘故，废弃文饰就无法讲求礼仪，但文饰过度就会遮掩真实，成为礼仪的祸害。即使是君子也不赞同。

百姓得所，是人君太平；君民安业，是人臣太平；五谷丰登，是百姓太平；大小和顺，是一家太平；父母无疾，是人子太平；胸中无累[1]，是一腔太平。

注 释

①**无累**：不被物欲所累。

译 文

老百姓各得其所，这样君主就会安宁；君民都安居乐业，这样百官就会安宁；五谷大丰收，这样百姓就会安宁；大人小孩和睦相处，这样一家人就安宁；父母没有疾病，这样子女就会安宁；心中了无牵挂，这样身体才会安宁。

至道之妙，不可意思，如何可言？可以言皆道之浅也。玄之又玄，犹龙公亦说不破。盖公亦囿于玄玄之中耳。要说，说个甚？然却只在匹夫匹妇共知共行之中，外了这个，便是虚无。

译 文

最高的道的奥妙，很难想象，又怎能用言语来表达呢？认为可以谈论的，都是因为对道了解得不够透彻的缘故。道的极点深不可测，连公孙龙子都讲不清楚。那是由于他把自己也置于玄之又玄中了。真的要说，那说些什么呢？道就存在于普通百姓的言谈举止中，除去这些，一切便都是虚无的了。

除了个“中”字[1]，更定道统不得。旁流之至圣，不如正路之贤人。故道统宁中绝[2]，不以旁流继嗣，何者？气脉不同也。予尝曰：“宁为道统家奴婢，不为旁流家宗子。”

注释

①**中**：指德行与行事恰到好处。②**道统**：道的统脉。

译文

如果没有“中”字，就没有办法认识道的真谛。旁流的最高圣人，也比不上正路上的贤人。所以，道统宁可半途而断绝，也不能以旁流邪说相继，这是为什么呢？因为气血经脉不同。我曾经说：“就算是做道统家的奴隶，也不去做旁流家的宗子。”

自然者，发之不可遏，禁之不能止。才说是当然，便没气力。然反之之圣，都在当然上做工夫，所以说勉然。勉然做到底，知之成功，虽一分数境界，到那难题试验处，终是微有不同。此难以形迹语也。

译文

所谓自然，就是自发生成而不可阻遏，禁之而又不能被禁止。刚说是当然，就没有什么力量了。然而，经过后天训练而反归圣人者，都是在当然上下大功夫，所以说他们是尽力而为。尽力到底了，修养成了圣人，虽然和天生的圣人达到同一境界，但遇到难题检验时，终究还是有所差别。这一点是很难从形迹上讲清楚的。

“中”之一字，是无天于上，无地于下，无东南西北于四方。此是南面独尊，道中的天子，仁、义、礼、智、信都是东西侍立，百行万善，都是北面受成者也①。不意宇宙间有此一妙字，有了这一个，别个都可勾销，五常、百行、万善，但少了这个，都是一家货，更成什么道理？

注释

①**北面受成**：臣服而听从命令。

译文

“中”这个字，上没有天，下没有地，四方也没有东南西北。这个字南面独尊，在道中像天子那样，仁、义、礼、智、信不过在东、西两面侍立，各种善行都像面北受教。不料世界上会有这样一个妙字，有了它，别的都可一笔勾销，五常、百行、万善，要是少了这个字，便成了一样的货色，这还成个什么道理呢？

愚不肖者不能任道，亦不能贼道，贼道全是贤智。后世无识之人，不察道之本然面目，示天下以大中至正之矩，而但以贤智者为标的。世间有了贤智，便看的中道寻常，无以过人，不起名誉，遂薄中道而不为。道之坏也，不独贤智者之罪，而推崇贤智，其罪亦不小矣。《中庸》为贤智而作也，中足矣，又下个庸字，旨深哉！此难与曲局之士道[1]。

注释

①**曲局**：弯曲，指见识肤浅。

译文

愚昧不肖的人不懂道，也没有能力造异端邪说，造异端邪说的全部都是有知识的人。后世一些无知的人，没有了解道的本来面目，便向世人宣传中正的准则，并以贤明智慧者为标准。世界上有了贤明智慧的人，便把中道看作是很平常的，没有过人之处，也不会增加什么名誉，于是便看不起中道，也不去实现它。道被破坏，不单单是贤智之人的罪过，那些推崇贤智的人，他们的罪过也不小呀。《中庸》是贤智之人所写的，中已经够了，后面又有个庸字，这含义就深了！对于这一点很难与肤浅的异端人谈论。

"中"之一字，不但道理当然，虽气数离了中[1]，亦成不得寒暑，灾祥失中则万物殃，饮食起居失中则一身病。故四时各顺其序，五脏各得其职，此之谓中。差分毫便有分毫验应，是以圣人执中，以立天地万物之极。

注释

①**气数**：这里指天地四时变化。

译文

"中"这个字，不仅从道理上来看必然是这样的，就是气候没有中也成不了冬寒夏暑，灾祥没有中也会使万物遭受殃祸，起居饮食没有中会身患疾病。因此，四时各有各的顺序，五脏也各有各的职能，这就是中。若有一分一毫的差错，就会出问题，因此，圣人执中，以便为天地万物树立标准。

学者只看得世上万事万物，种种是道，此心才觉畅然。

译文

学者只要把世上万事万物都看成一个道，心境就会顿时豁然开朗。

在举世尘俗中，另识一种意味，又不轻与鲜能知味者尝，才是真趣。守此便是至宝[1]。

注释

①**至宝**：最为宝贵。

译文

在尘世之中，若发现了另一种趣味，同时不轻易把它给那些很少懂得品味的人品尝，才会真正有趣味。能够坚守住这个道理，便是最宝贵的财富。

道在天地间，不限于取数之多。心力勤者得多，心力衰者得少，昏弱者一无所得。假使天下皆圣人，道亦足以供其求；苟皆为盗跖，道之本体自在也，分毫无损。毕竟是世有圣人，道斯有主，道附圣人，道斯有用。

译文

道在天地间并不限于取数的多少。心力勤的人所得很多，心力衰的人所得很少，昏庸懦弱的人一无所得。假如天下都是圣贤之士，道也能够满足他们的探究；假若天下都是盗贼，道本身仍会自然存在，一丝一毫也不会有损失。毕竟世间有圣人，道便有了识者，道附着在圣人身上，就有了它的作用。

有大一贯，有小一贯。小一贯，贯万殊；大一贯，贯小一贯。大一贯一，小一贯千百。无大一贯，则小一贯终是零星；无小一贯，则大一贯终是浑沌[1]。

注释

①**浑沌**：浑然不分。

译文

既有贯通万事的大的规律，也有小的规律。小的规律，千差万别；大的规律，贯通着小的规律。大的规律贯穿着始终，小的规律贯穿着差异。没有大的规律，小的规律到底支离破碎；没有小的规律，则大的规律终究是混沌。

静中看天地万物都无些子[1]。

注释

①**无些子**：没有什么。

译文

在虚静的状态之中观察天地万物，都没有什么特别之处。

阳为客，阴为主；动为客，静为主；有为客，无为主；万为客，一为主。

译文

阳是次要的，阴是主要的；动是次要的，静是主要的；有是次要的，无是主要的；万物都是次要的，万物背后的天理是主要的。

理路直截①，欲路多歧②；理路光明，欲路微暧；理路爽畅，欲路懊烦；理路逸乐，欲路忧劳。

注释

①**理路**：通向天理之路。②**欲路**：追求欲望之路。

译文

天理之路是笔直的，欲望之路多有曲折；天理之路通向光明，欲望之路通向堕落；天理之路让人开朗舒畅，欲望之路令人懊恼烦躁；天理之路使人安逸欢乐，欲望之路使人忧愁劳累。

无万则一何处着落？无一则万谁为张主？此二字一时离不得。一只在万中走，故有正一，无邪万；有治一，无乱万；有中一，无偏万；有活一，无死万。

译文

没有万，一着落于什么地方？没有一，万又靠谁来统领？这两个字是连在一起的。一只是在万中走，因此有正一而无邪万；有治一而无乱万；有中一而无偏万；有活一而无死万。

天下之大防五①，不可一毫溃也，一溃则决裂不可收拾。宇内之大防，上下名分是已；境外之大防，夷夏出入是已；一家之大防，男女嫌微是已；一身之大防，理欲消长是已；万世之大防，道脉纯杂是已。

注释

①**大防**：大堤，界限。

译文

天下之大防有五个方面，不能有一点儿放松警惕的地方，一旦有丝毫松懈就没有办法挽回。世界上的大防，是为了确定上下名分而已；境外的大防，是为了区分华夷而已；一家之内的大防，是为了区别男女之间的嫌疑而已；一个人本身的大防，是理性和欲念的消长而已；万世的大防，是认识道脉的纯杂而已。

天下事皆实理所为，未有无实理而有事物者也。幻家者流，无实用而以形惑人。呜呼！不窥其实，而眩于形以求理，愚矣！

译文

天下的事物都是根据一定规律而成的，没有无规律而有其事物的。幻术家之流，没有确实的根据而只是依靠外形迷惑他人。唉！不了解事物的实质内容而被其外表所迷惑的人，还想找到真理，真是太愚蠢了！

阳道生，阴道养，故向阳者先发，向阴者后枯。

译文

阳道生发，阴道滋养，因此向阳的一面先发，而向阴的一面后枯。

正学不明，聪明才辩之士各枝叶其一隅之见，以成一家之说，而道始千岐百径矣。岂无各得？终是偏术。到孔门只如枉木着绳[①]，一毫邪气不得。

注释

①**枉木**：曲木。

译文

正统的学说不太明确，聪明才辩的人就各抒己见，自成一家之言，使道产生了千奇百怪的说法。各家难道竟无一点儿所得吗？可终究是旁门左道。孔子的学说像弯曲的木材经过墨绳校正，有一儿点出入都看得清楚。

禅家有理障之说。愚谓理无障，毕竟是识障。无意识[①]，心何障之有？

注释

①**无意识**：指无先入为主之见。

译文

禅家认为文字是真理的障碍。我认为真理没有障碍，如果有的话也是认识的障碍。如果不抱有成见，心会有什么障碍呢？

道莫要于损己，学莫急于矫偏。

译文

对道来说，没有比克制自己更为重要的了，而对学来说，最急需解决的是纠正偏差。

七情总是个欲[①]，只得其正了，都是天理。五性总是个仁[②]，只不仁了，都是人欲。

注释

①**七情**：一般指喜、怒、哀、惧、爱、恶、欲七种感情或心理作用。②**五性**：五常之性，即仁、义、礼、智、信。

译文

七情终究是欲望的问题，只要来得正当就符合客观规律。五性终究是仁的问题，倘若没有仁就全部成了欲望。

万籁之声皆自然也[①]，自然皆真也，物各自鸣其真。何天何人，何今何古？六经籁道者也[②]，统一圣真，而汉、宋以来，胥执一响以吹之[③]，而曰是外无声矣。观俳谑者，万人粲然皆笑，声不同也而乐同。人各笑其乐，何清浊高下、妍媸之足云？故见各鸣其自得。语不诡于六经[④]，皆吾道之众响也，不必言言同、事事同矣。

注释

①**万籁**：指自然界一切声音。②**籁道者**：自然发出的讲述道的声音。③**胥**：都。④**诡**：违反。

译文

万籁之声都是自然的，自然而然的都是真实的，万物各有各的声音。有什么天人、古今之分呢？六经是阐述自然之道的书，是圣人制定的真理，但是汉、宋以来，只允许发一种声音，而宣称此外再无其他声音。看滑稽的人表演，成千上万的人都在笑，声音虽然不一样而欢乐的心情是一样的。人们各得其乐，有什么清浊高下、美丑之分呢？因此说，人人都可以表达自己的见解。语言只要不违背六经的要义，那就是一个道发出的不同声响，不必每句话都一样、每件事都相同。

气者形之精华，形者气之渣滓。故形中有气，无气则形不生；气中无形，有形则气不载。故有无形之气，无无气之形。星陨为石者，先感于形也。

译文

所谓气，是形的精华；而形，不过是气的渣滓。所以形中有气，没有气也不会生形了；气中没有形，有形的话气便不存在了。所以有无形的气，但没有无气的形。陨星落为陨石，首先表现在形体上。

天地万物，只到和平处无一些不好。何等畅快！

译文

天地万物，只有到了纷争平息、秩序稳定的境地，才没有丝毫的不和美。这多么令人畅快啊！

私恩煦感，仁之贼也。直往轻担，义之贼也。足恭伪态[1]，礼之贼也。苛察岐疑，智之贼也。苟约固守，信之贼也。此五贼者，破道乱正，圣门斥之，后世儒者往往称之以训世，无识也与！

注释

①**足恭伪态**：装作十分恭敬的样子。

译文

感念私恩，是对仁的歪曲。轻易随便承担，是对义的歪曲。阿谀奉承，是对礼的歪曲。苛察猜疑，是对智的歪曲。固守陈规，是对信的歪曲。这五种歪曲，是对正道的颠覆，受到圣人的斥责，后世的儒家却常常称赞它并以之教导世人，真是无知！

气用形，形尽而气不尽；火用薪，薪尽而火不尽。故天地惟无能用有。五行惟火为气，其四者皆形也。

译文

气以形为表现表式，形没有了而气依然存在；火以柴为表现形式，柴没有了而火依然存在。所以天地间只有无能以有为依附。五行当中只有火属气，其他四种都有具体的形体。

气盛便不见涵养，浩然之气，虽充塞天地间，其实本体闲定，冉冉口鼻中不足以呼吸。

译文

火气旺盛就没有了涵养，浩然之气，虽然充塞于天地之间，其实本身既静也定，冉冉飘荡在口鼻之间也不足以呼吸。

有天欲，有人欲。吟风弄月，傍花随柳，此天欲也。声色货利，此人欲也。天欲不可无，无则禅[1]；人欲不可有，有则秽。天欲即好的人欲，人欲即不好的天欲。

注释

①**禅**：进入禅境。

译文

有天性带来的欲望，也有后天人为的欲望。流连美景，咏花赏月，是天性带来的欲望。好色淫荡，苟谋私利，是后天人为的欲望。天性带来的欲望不能没有，如果没有就万事皆空；后天人为的欲望不能存留，如果存留就污秽庸俗。天性带来的欲望就是好的后天人为的欲望，后天人为的欲望就是不好的天性带来的欲望。

以吾身为内，则吾身之外皆外物也，故富贵利达，可生可荣，苟非道焉，而君子不居。以吾心为内[1]，则吾身亦外物也，故贫贱忧戚，可辱可杀，苟道焉，而君子不辞。

注释

①**吾心**：指个人道德价值。

译文

若把我的身体当作内，那么我身之外的东西皆为外物，因而富贵利达，随它去来，若非什么正理，正人君子是不求的。若把我的道德价值当作内，那么我的身体也就成了外物，所以贫贱忧悲，任它怎样，并没有什么要紧，若是道，君子就在所不辞。

先难后获，此是立德立功第一个张主。若认得先难是了，只一向持循去，任千毁万谤也莫动心，年如是，月如是，竟无效验也只如是①，久则自无不获之理。故工夫循序以进之，效验从容以俟之。若欲速便是揠苗者，自是欲速不来。

注释

①**只如是**：一直这样。

译文

先通过艰苦的努力才会有所收获，这是想要立功立德的人首先要做到的。如果认定先前的艰难是为了正理，就坚持下去，无论什么诋毁诽谤也不要动心，日积月累，即使没有取得好的效果也一直这样，长久下去没有不收获的道理。因而工夫应当循序渐进，对于是否如愿应从容以对。若一味追求速度就是揠苗助长，欲速不达。

造化之精，性天之妙①，惟静观者知之，惟静养者契之，难与纷扰者道。故止水见星月，才动便光芒错杂矣。悲夫，纷扰者昏昏以终身，而一无所见矣。

注释

①**性天**：人得之于自然的本性。

译文

造化的精微，性天的微妙，只有静观才可得知，只有静心养气才能感受，难讲给那些内心有各种烦扰的人。所以让水静止才能看到星星和月亮的倒影，只要水稍一波动，则光芒错杂而不见星月。可悲啊，性情纷扰的人终身昏昏，最终什么也看不清。

满腔子是恻隐之心，满六合是运恻隐之心处。君子于六合飞潜动植、纤细毫末之物，见其得所，则油然而喜，与自家得所一般。见其失所，则闵然而戚，与自家失所一般。位育念头，如何一刻放得下？

译文

满心都是恻隐之心，世上尽是可以值得恻隐的地方。正人君子对于无论水中、陆地还是天空中所有的动物、植物，乃至微生物，看见它们各自惬意地生活就欣喜，好像自己有所得一样。看见其所失毁而忧愁，好像自己有所失毁一样。这种希望万物都繁盛的念头，怎么能有一时一刻忘却呢？

万物生于性[①]，死于情。故上智去情，君子正情，众人任情，小人肆情。夫知情之能死人也，则当游心于淡泊无味之乡，而于世之所欣戚趋避，漠然不以婴其虑，则身苦而心乐，感殊而应一。其所不能逃者与天下同，其所了然独得者与天下异。

注释

①性：本性。

译文

天下万物源生于本性，而灭亡于情念。所以最睿智者摒弃情念，正人君子校正情念，大多数人任意情念，卑鄙小人放纵情念。既然知道情能使人死，就应当使心处于淡泊无味的境界，对世上使人们欢喜伤悲的事物，漠不关心，这就使得身虽苦心却乐，感受不同，应对却同一。所不能逃避的是与其他人一样生活，与天下人所不同的是自得其乐。

此身要与世融液，不见有万物形迹，六合界限，此之谓化。然中间却不模糊，自有各正的道理，此之谓精。

译文

自己应当与现实相融，没有万物的形迹和地方的界限，这就叫作化。然而融化之中并非模糊一团，应按照各自的正理，这就叫作精。

人一生不闻道，真是可怜！

译文

一个人一生中不曾觉悟过道，真是可怜！

天德只是个无我，王道只是个爱人。

译文

天德的精髓在于忘却自我，王道的精义在于爱人。

道是第一等，德是第二等，功是第三等，名是第四等。自然之谓道，与自然游，谓之道士。体道之谓德，百行俱修，谓之德士。济世成物谓之功。一味为天下，洁身著世谓之名。一味为自家，立言者亦不出此四家之言。下此，不入等矣。

道　家

道家，先秦时期的一个思想派别，以老子、庄子为主要代表。道家的思想崇尚自然，有辩证法的因素和无神论的倾向，同时主张清静无为，反对斗争。道家的理论奠定于老子，老子的《道德经》一书上下五千言，字字珠玑。庄子是老子之后道家理论最重要的开创者，道家哲学也称为“老庄哲学”。

译文

道是至高无上的，其次是德，再其次是功，最后是名。自然称作道，与自然同游称作道士。体现道的称为德，各种品行完备称为德士。济世成物叫作功。一心只为天下，洁身自好，名声卓著叫作名。一心只为自家，也不会超出这四方面的言论。除此之外，就不入流了。

凡动天感物，皆纯气也。至刚至柔与中和之气，皆有所感动，纯故也。十分纯里，才有一毫杂，便不能感动。无论佳气、戾气，只纯了，其应便捷于影响。

译文

凡是能够动天感物的，都是纯气。至刚至柔和中和的气，都能相互感应，是因为它们都是精纯的。无论怎样纯正，只要里面混有一点儿杂念，就什么也不能感动。不管是心平气和，还是暴怒沮丧，只要纯正，其感应就比影响还要快。

万事万物有分别，圣人之心无分别，因而付之耳[①]。譬之日，因万物以为影，水因万川以顺流，而日水原无两，未尝不分别，而非以我分别之也。以我分别，自是分别不得。

注释

①**因而付之**：顺应万物而托付。

译文

万事万物都有差别，但圣人的心却没有差别，因此可以托付。譬如太阳因万物而有影子，水因江河而流淌，照耀万物的阳光、流入江河的水都没两样，但未尝没有分别，而这种区别不在日光和水本身。如果以本身来分别，那肯定是分别不出的。

下学学个什么？上达达个什么？下学者，学其所达也，上达者，达其所学也。

译文

下学学习什么？上达达到什么？下学就是学习事物中的道理，上达就是将所学的东西融会贯通。

弘毅，坤道也。《易》曰“含弘光大”，言弘也。“利永贞”，言毅也。不毅不弘，何以载物？

译文

弘毅是坤道。《易经》中说“包含广大”，是指弘。“吉祥可信”，是指毅。没有弘和毅，怎么包容万物呢？

六经言道而不辨，辨自孟子始；汉儒解经而不论，论自宋儒始；宋儒尊理而不僭①，僭自世儒始。

注释

①**僭**：超越本分。

译文

六经中讲道但不加分辨，对道的分辨是从孟子开始的；汉代儒者注释六经却不加评论，这种评论是从宋儒开始的；宋儒尊崇理学而不僭越六经之旨，这种僭越是从现在的儒者开始的。

圣贤学问是一套，行王道必本天德。后世学问是两截，不修己只管治人。

译文

圣贤的学问是一个体系，推行王道要本乎天德。后世的学问是两个不同的体系，不加强自身的修养，只管去整治他人。

知彼知我，不独是兵法，处人处事，一些少不得的。

译文

知晓对方和自己，不只是兵法的要求，待人处事时，也同样不可或缺。

静中真味，至淡至冷，及应事接物时，自有一段不冷不淡天趣。只是众人习染世味十分浓艳，便看得他冷淡。然冷而难亲，淡而可厌，原不是真味，是谓拨寒灰，嚼净蜡①。

注释

①**净蜡**：这里强调应事接物时冷淡要适度。

译文

静怡之中的真正奥秘是冷淡到极点，这样到了交际应酬的时候，才会自然而然地有一种不冷不淡的情趣。只是众人由于沾染了世俗的浓重艳丽之气，才会觉得他太冷淡。但其实冷而难于亲近，淡而让人厌倦，都本不是真味，这叫作拨冷灰，嚼净蜡。

明体全为适用①。明也者，明其所适也。不能实用，何贵明体？然未有明体而不实用者。树有根，自然千枝万叶；水有泉，自然千流万脉。

注释

①**体**：事体，理体。**用**：运用，作用。

译文

明白事理完全是为了实用。所谓明，是明白事物的适用性。不能适用，明白事理又有何用？但没有明白了事理却不能适用的。大树有根脉，自然附有千枝万叶；河水有其泉源，自然会有千流万岔。

天地人物，原来只是一个身体、一个心肠，同了便是一家，异了便是万类。而今看着风云雷雨都是我胸中发出，虎豹蛇蝎都是我身上分来，哪个是天地，哪个是万物？

译文

天地间的人物，原来只是一个身躯、一个心肠，这些都相同便是一家，不同便是万类。如今看天地间的风云雷雨都是从我胸中发出来的，自然界的虎豹蛇蝎都是从我身上分出来的，怎么分得清哪个是天地自然，哪个又是万物呢？

万事万物都有个一，千头万绪皆发于一，千言万语皆明此一，千体认万推行皆做此一。得此一，则万皆举。求诸万，则一反迷。但二氏只是守一[①]，吾儒却会用一。

注释

①二氏：指释、道。

译文

万事万物都有个一，千头万绪都从一开始，千言万语都明确是同一个道理，千体认万推行都叫作一。懂得一，就会掌握万。要从万中掌握，一反而迷失了。然而释、道都是墨守“一”，儒家却会运用“一”。

三氏传心要法[①]，总之不离一“静”字。下手处皆是制欲，归宿处都是无欲，是则同。

注释

①三氏：指儒、释、道。

译文

儒、释、道三家传授心学的根本方法，离不开一个“静”字。开始总要克制欲望，结束总要没有欲望，这是相同的。

天地间道理，如白日青天；圣贤心事，如光风霁月。若说出一段话，说千解万，解说者再不痛快，听者再不惺憁[①]，岂举世人皆愚哉！此立言者之大病也。

注释

①惺憁（còng）：明白，清醒。

译文

天地间的道理就像白日青天，圣人的心事就像初晴的自然风光。如果说了一段话，做出一大堆解释，解说的人未能尽意，听的人也没弄明白，岂不是一切都太愚蠢吗？这是著书立说的人最应该注意的一大毛病。

罕譬而喻者[1]，至言也；譬而喻者，微言也；譬而不喻者，玄言也。玄言者，道之无以为者也。不理会玄言，不害其为圣人。

注 释

①**罕譬**：很少用比喻。

译 文

不用比喻而能把道理讲明的，是最好的语言；用比喻说明的，是精微的语言；用比喻还不能说明的，是玄言。所谓玄言，就是不懂得道的人而已。不理会玄言，也不会因此而不能成为圣人。

世间物一无可恋，只是既生在此中，不得不相与耳。不宜着情，着情便生无限爱欲，便招无限烦恼。

译 文

人世间的东西没有什么可留恋的，只是因为既然生在其中，不得不与之相处罢了。但是不适宜动感情，一动感情就会产生无限的爱欲，招致无限的烦恼。

安而后能虑，止水能照也。

译 文

安静下来才能思考，静止的水才能映照万物。

君子之于事也，行乎其所不得不行，止乎其所不得不止；于言也，语乎其所不得不语，默乎其所不得不默。尤悔庶几寡矣[1]。

注 释

①**尤悔**：过失与悔恨。

译 文

正人君子对于万事，在不得不干的时候去干，在不得不停止的时候就会立刻停止；对于言谈，说不得不说的话，在不得不沉默的时候保持沉默。这样，后悔与过错就会很少。

发不中节，过不在已发之后。

译文

行动不合乎度，过错不在行动之后。

才有一分自满之心，面上便带自满之色，口中便出自满之声，此有道之所耻也。见得大时，世间再无可满之事，吾分再无能满之时[1]，何可满之有？故盛德容貌若愚。

注释

①**吾分**：指个人品德。

译文

才有一点儿自傲的情绪，脸上便现出自满的表情，口中便说出自满的话，这是有道之人所不齿的。见识丰富后，天下再没有可以自满的事情，按我的职分也没有可自满的时候，那么有什么可自满的地方呢？因此一个人品德高尚的时候，容貌却像是愚蠢的样子。

“相在尔室，尚不愧于屋漏”，此是千古严师；“十目所视，十手所指”，此是千古严刑。

译文

《诗经·大雅·抑》中说“看看你的房子，即使在人们看不见的地方你也要光明磊落”，这是自古以来最严厉的老师；《大学》中说“很多双眼睛都注视着你，很多双手都指着你”，这是自古以来最严厉的刑罚。

诚与才合，毕竟是两个，原无此理。盖才自诚出，才不出于诚，算不得个才，诚了自然有才。今人不患无才，只是讨一“诚”字不得。

译文

诚信与才华相统一，然而这个毕竟是两种不同的事，原本也没有这样的道理。才华大都源自诚信，才华不是出于诚信的，就不能算作才华，而人若诚信就自然会有才华。现在的人们不缺乏才华，只是缺乏“诚信”。

道尽于一，二则赘。体道者不出一，二则支[1]，天无二气，物无二本，心无二理，世无二权。一则万，二则不万。道也，二乎哉？故执一者得万，求万者失一。水壅万川未必能塞，木滋万叶未必能荣，失一故也。

注释

①**支**：累赘。

译文

道至一就完满了，二就成了累赘。体悟天道也逃不出一，二就是累赘了，天没有两种气共存，万物不可能有两个本源，心中不会有两种道德观念，世上不能有两个王权。得一元就会贯通万事之理，而持二元就无法贯通万事之理。这就是道，怎么能有二元呢？因而追求一就可得到万，追求万就会失掉一。水堵塞万条支流未必就能阻挡干流，滋养一棵树上的万条枝叶未必能使它欣欣向荣，因为不注重一。

道有一真，而意见常千百也，故言多而道愈漓[①]；事有一是，而意见常千百也，故议多而事愈偾[②]。

注释

①**漓**：支离破碎。②**偾**：败事。

译文

道的真谛为一，而世上的见解却成百上千，所以言论愈多则对道的解释就会愈支离破碎；事理只有一个是正确的，而对它的见解却成百上千，所以议论愈多则事情就会被败坏得愈多。

吾党望人甚厚，自治甚疏，只在口吻上做功夫，如何要得长进？

译文

我们往往对别人期望过高，对自己要求却很少，只在口头上下功夫，怎么能够长进呢？

宇宙内原来是一个，才说同，便不是。

译文

宇宙内本来是太一，刚说是这个，又马上不是这个了。

宇 宙

“宇宙”一词最早出自《庄子》，“宇”代指一切的空间，包括东、南、西、北、上、下等，是无边无际的；“宙”代指一切的时间，包括过去、现在、将来等，是无始无终的。所以“宇宙”这个词有“所有的时间和空间”的意思。把“宇宙”的概念与时间和空间联系在一起，体现了我国古代人民的独特智慧。

卷二

修　身

世上没个分外好的[①]，便到天地位，万物育的功用，也是性分中应尽的事业。今人才有一善，便向人有矜色，便见得世上人都有不是。余甚耻之。若说分外好，这又是贤智之过，便不是好。

注释

①**分外好**：特别好。

译文

世上没有彻底的完美无瑕，即便是天地本身，抚育万物众生的功绩，也是天性中应尽的义务。如今人们才有了一件好事，就向人夸耀，好像世上的人都荒谬至极似的。我觉得那样的人太可耻了。说到完美无瑕，这是后代的贤人、学者过分赞美的过错，其实完美便是不好。

率真者无心过，殊多躁言轻举之失。慎密者无口过，不免厚貌深情之累。心事如青天白日，言动如履薄临深，其惟君子乎！

译文

率直真挚的人没有内心的谬误，只有因说话浮躁、举止轻率所犯的过失。谨慎周密的人没有言谈上的过失，但是仍难免有过于深沉多虑的牵累。心事就像青天白日般明朗，言语行动就像走在冰上或面临深渊般谨慎，这才算君子吧！

沉静最是美质，盖心存而不放者。今人独居无事，已自岑寂难堪，才应事接人，便任口恣情，即是清狂，亦非蓄德之器。

译文

沉静是最好的品质，这是指心中有物却不轻易外露。而今人没有事情可做，就已感到无聊寂寞，一旦待人接物，便信口胡说，这是轻狂的表现，也不能养成好的品德。

攻己恶者[①]，顾不得攻人之恶。若哓哓尔雌黄人[②]，定是自治疏底。

注释

①**攻**：克服。②**雌黄**：议论是非。

译文

尽力去克服自己身上的缺点的人，无暇去指责别人的过失。如果整天只是对别人指三道四，一定是修养肤浅、自我控制能力差的缘故。

大事、难事看担当，逆境、顺境看襟度，临喜、临怒看涵养，群行、群止看识见。

译文

在遇到大事、难事的关头，才能看出一个人担当重任的能力，在逆境、顺境当中，才能看出一个人的胸怀度量，从面对喜事和怨怒中可以看出一个人的涵养，从与大家共处当中可以看出一个人的识见。

人生得有余气，便有受用处。言尽口说，事尽意做，此是薄命子。

译文

人生要是有剩余的气力，就会有受益的地方。如果说话做事都不留余地，这是薄命之人。

清人不借外景为襟怀，高士不以尘识染情性。

译文

心境清旷的人不用借助外界环境来抒发襟怀，品德高尚的人不会被世俗偏见污染自己的性情。

官吏不要钱，男儿不做贼，女人不失身，才有了一分人。连这个也犯了，再休说别个。

译文

当官的不贪财，男人不当贼，女人不失身，这样才达到了做人最基本的条件。倘若这都做不到，就别提其他的了。

才有一段公直之气，而出言做事，便露圭角[①]，是大病痛。

注释

①**圭角**：圭的棱角，比喻锋芒。圭，古代的一种玉器，上尖下方。

译文

才有了一点正直的气概，言行举止就骄纵自大，这是很危险的。

不足与有为者，自附于行所无事之名；和光同尘者，自附于无可无不可之名。圣人恶莠也以此。

译文

没有任何作为的人，滥竽充数，甘于游手好闲；和光同尘的人，甘于随波逐流，无可无不可。圣人厌恶混在禾苗中的狗尾草的道理就在于此。

世之人形容人过，只像个盗跖；回护自家，只像个尧、舜。不知这却是以尧、舜望人，而以盗跖自待也。

译文

世人数落别人的过错时，说别人像盗跖；而包庇自己的时候，却总是把自己打扮成帝尧、帝舜那样。殊不知，这样做反而越显得别人像帝尧、帝舜，而自己像盗跖了。

孟子看乡党自好，看得甚卑，近来看乡党人自好的不多。爱名惜节，自好之谓也。

译文

孟子把乡里那些洁身自好的人看得很低，可现在看来乡里洁身自好的也不多了。知道爱惜名誉恪守节操，这就叫作洁身自好。

少年之情，欲收敛不欲豪畅，可以谨德。老人之情，欲豪畅不欲郁阏①，可以养生。

注释

①**郁阏**(è)：压抑。

译文

年轻人收敛一些，不要放纵，可以培养美德。老年人豪放一些，不要压抑，可以颐养天年。

广所依不如择所依，择所依不如无所依。无所依者，依天也。依天者有独知之契，虽独立宇宙之内而不谓孤，众倾之、众毁之而不为动，此之谓男子。

译文

广博地依从不如有选择地依从，有选择地依从不如没有什么可以依从。没有依从的人，就是依从客观规律。依从客观规律，就会有独到的见识，虽然独自在天地之间也不孤单，大家倾慕他、诽谤他，他都不为所动，这叫作男子汉。

坐间皆谈笑而我色庄；坐间皆悲感而我色怡，此之谓乖戾[1]，处己处人两失之。

注释

①乖戾：抵触，不一致。

译文

陪坐的人谈笑风生，我却神态庄重；陪坐的人都悲悲戚戚，我却怡然自得，这叫作乖戾，对自己、对别人都没有好处。

精明也要十分，只须藏在浑厚里作用。古今得祸，精明人十居其九，未有浑厚而得祸者。今之人惟恐精明不至，乃所以为愚也。

译文

精明也要十分，只要隐藏在浑厚中起作用。古今遭殃的人，十之八九都是精明的人，很少有浑厚的人碰到灾祸。现在的人唯恐自己精明不够，其实这样才是真的愚蠢呢。

分明认得自家是，只管担当直前做去。却因毁言辄便消沮，这是极无定力的，不可以任天下之重。

译文

明确认定自己是正确的，就应当勇往直前。因为听到诋毁讥讽而沮丧泄气，是非常没有主见的表现，这种人不能担当天下的重任。

小屈以求大伸，圣贤不为。吾道必大行之日然后见，便是抱关击柝[①]，自有不可枉之道。松柏生来便直，士君子穷居便正。若曰在下位遇难事，姑韬光忍耻以图他日贵达之时[②]，然后直躬行道，此不但出处为两截人，即既仕之后，又为两截人矣。又安知大任到手不放过耶？

注释

①**抱关**：守关。**击柝**(tuò)：巡夜。比喻地位低微。②**韬光**：藏匿光彩，这里指藏才不露。

译文

以小的屈服忍耐来换得大的成功发展，圣人和贤人是不会那样去做的。如果我的道德要在大功告成以后才能被众人认识到，那么在我充任守门打更的小吏时，已有了不愿屈服的品德。松柏天生就是直的，士大夫即使在困顿失意时也是正直的。如果说身处下位遇到难事，暂且韬光养晦以图来日显贵发达的时候，然后才能使道躬行彰显，这样不但入仕与家居是两回事，即使是入仕之后，也容易变成两种人。又如何保证重任在身的时候不会轻易屈服呢？

才能技艺，让他占个高名，莫与角胜。至于纲常大节，则定要自家努力，不可退居人后。

译文

让别人占有才能和技艺的名声，不去与别人争强斗胜。但是在纲纪常规方面就一定要自己努力，不要落在别人后面。

大其心，容天下之物；虚其心，受天下之善；平其心，论天下之事；潜其心，观天下之理；定其心，应天下之变。

译文

使心胸广阔，用来容纳天下的万物；使心虚静，来接受天下的善行；使心平静，来畅论天下大事；使心潜伏，来观察万物的道理；使心安定，来适应天下的变化。

荣辱系乎所立，所立者固，则荣随之，虽有可辱，人不忍加也。所立者废，则辱随之，虽有可荣，人不屑及也①。是故君子爱其所自立，惧其所自废。

注释

①**不屑及**：不屑于顾及。

译文

荣与辱是由你的建树决定的，自己建立的根基牢固，则必然有荣誉随之到来，虽然可能有使你蒙羞的事，别人也不愿意加到你的头上。你的建树一倒，屈辱就会随之而来，虽然有可以使你显得荣耀的事，别人也不屑顾及。因而君子都很珍惜自己所建立的根基，害怕这些被自己废弃。

掩护勿攻，屈服勿怒，此用威者之所当知也；无功勿赏，盛宠勿加，此用爱者之所当知也。反是皆败道也。

译文

当对方自我掩护的时候不要再加以攻击，别人已经屈服就不要再动怒，这是以威严为统治原则的人应当知道的；没有功劳就不应赏赐，宠爱已经隆盛就不要再增加，这是运用宠幸的人所应当知道的。与之相反只会失败。

称人之善，我有一善，又何妒焉？称人之恶，我有一恶，又何毁焉？

译文

称赞别人的美德，自己也会具有一个美德，为什么要妒忌别人呢？指责别人的过失，自己也有了一个过失，为什么要去中伤别人呢？

善居功者让大美而不居，善居名者避大名而不受。

译文

善于居功的人把最大的功名让给别人，善于求取功名的人故意躲避大的功名。

善者不必福，恶者不必祸，君子稔知之也[1]，宁祸而不肯为恶。忠直者穷，谀佞者通，君子稔知之也，宁穷而不肯为佞。非但知理有当然，亦其心有所不容已耳。

注释

①稔（rěn）：熟，熟悉。

译文

做善事的人不一定幸福，做坏事的人不一定遭殃，这个道理君子十分清楚，但是君子宁愿受祸而不愿去做坏事。忠厚正直的人潦倒，阿谀奉承的人通达，这是君子熟知的事实，但是君子宁愿潦倒而不愿阿谀奉承。不仅是因为知道道德上不应该那样，更是出于自己内心的不容许。

居尊大之位，而使贤者忘其贵重，卑者乐于亲炙[1]，则其人可知矣。

注释

①亲炙：亲近。

译文

身居显职，却能使贤者忘掉他的高贵，卑下之人也乐于亲近，这个人的德行就可想而知了。

人不难于违众，而难于违己。能违己矣，违众何难？

译文

做人违背众人的意愿并不难，难的是违背自己的心愿。如果能违背自己的心愿，违背众人的心愿又有什么难处？

攻我之过者，未必皆无过之人也。苟求无过之人攻我，则终身不得闻过矣。我当感其攻我之益而已，彼有过无过，何暇计哉？

译文

指责我的过错的人，未必都是没有过错的人。如果一味只是要求没有过错的人才能指正我，那么一辈子都不会听到自己的过错。我应当感谢指正我的人，对方有什么过错哪有空去斤斤计较呢？

恬淡老成人又不能俯仰①，一世便觉干燥；圆和甘润人又不能把持，一身便觉脂韦②。

注释

①**俯仰**：周旋，应付。②**脂**：油脂。**韦**：软皮，比喻圆滑。

译文

恬淡老成的人，不能通达豁然，一生便觉得枯燥无味；性情圆融甘润的人，不能把持原则，一身就会让人觉得世故。

到当说处，一句便有千钧之力，却又不激不疏，此是言之上乘，除外虽十缄也不妨。

译文

到应当说的时候，一句话有千钧的分量，却又不过分激昂粗疏，这是言谈的最好方法，除此之外，即使永远保持沉默也不妨事。

心要常操，身要常劳。心愈操愈精明，身愈劳愈强健，但自不可过耳。

译文

心要常用来思考，身体要经常劳动。越动脑越精明，越锻炼越强健，但是所有这些都不能太过分。

未适可必止可，既适，可不过可，务求适可而止。此吾人日用持循，须臾粗心不得。

译文

不恰当就必须中止，既然合适，就不要太贪求，要适可而止。这是人们日常必须执守遵循的原则，一点儿也不能放松。

财、色、名、位，此四字考人品之大节目也。这里打不过小善，不足录矣。自古砥砺名节者，兢兢在这里做功夫，最不可容易放过。

译文

财、色、名、位这四个字是考察人品的关键。这四个方面仅做到小善还不行，不足以论道。自古以来激励名节的人，都在这四个字上狠下功夫，不肯轻易放过。

只尽日点检自家，发出念头来，果是人心？果是道心？出言行事，果是公正，果是私曲？自家人品，自家定了几分？何暇非笑人？又何敢喜人之誉己耶？

译文

每天反省自己，心中的想法念头是私心？还是公理？言谈举止公正吗？是不是有私心杂念？自己把自己的人品定在哪个档次？又哪有空去嘲笑别人？又怎能喜欢别人夸奖自己呢？

求人已不可，又求人之转求；徇人之求已不可[1]，又转求人之徇人；患难求人已不可，又以富贵利达求人。此丈夫之耻也。

注释

①**徇**：顺从，屈从。

译文

求别人已经不应该了，而又请求人恩赐代其转求；屈从别人已经不应该了，又把他人的请求请他人屈从私情接受；遇到困境时求人已经不应该了，又为了富贵利达去求人。这是大丈夫的耻辱。

文名、才名、艺名、勇名，人尽让得过，惟是道德之名，则妒者众矣。无文、无才、无艺、无勇，人尽谦得起，惟是无道德之名，则愧者众矣。君子以道德之实潜修，以道德之名自掩。

译文

文名、才名、艺名、勇名，人们都可以相互礼让，唯独道德的名声妒忌的人很多。没有才、文、艺、勇，人们都能担当，只有没有道德的名声，人人都会感到羞愧难当。君子时刻以道德的实质来修养自己，不去争道德的声名。

圣人之道，太和而已，故万物皆育。便是秋冬，不害其为太和，况太和又未尝不在秋冬宇宙间哉！余性褊[1]，无弘度、平心温容、巽语[2]，愿从事于太和之道以自广焉。

注释

①**褊**(biǎn)：衣服狭小，引申为狭隘。②**巽**(xùn)**语**：谦逊之语。

译文

圣人之道是阴阳冲和而已，万事万物都因此而得以生长发育。即便是秋冬季节，也有太和之气，何况太和之气也未尝不存于秋冬的宇宙间！我的性情褊狭，没有宏大的气度，心情不够平静，态度不够温和，言谈不够谦逊和婉，所以愿以太和之道来使自己的心胸变得开阔起来。

只竟夕点检，今日说得几句话关系身心，行得几件事有益世道，自慊自愧，恍然独觉矣。若醉酒饱肉，恣谈浪笑，岂不错过了一日？乱言妄动，昧理从欲，岂不作孽了一日？

译文

每天夜晚检查自己当天说了多少话是与身心修养有关系的，做了几件有益于世道的事，内心若能感到不满而惭愧，这样才会猛然觉悟。如果醉酒饱肉，恣谈浪笑，这难道不是错过了一天吗？如果胡言乱语，昧理纵欲，这难道不是作孽地过了一天吗？

只一个俗念头，错做了一生人；只一双俗眼目，错认了一生人。

译文

一旦产生了一个庸俗的念头，便可能导致错走一生；一旦用一双世俗的眼光来看人，便可能会一生看错人。

少年只要想我见在干些什么事[①]，到头成个什么人，这便有多少恨心，多少愧汗，如何放得自家过？

注释

①**见在**：现在。

译文

年轻人只要好好想想自己现在的所作所为，将会成为一个什么样的人，这样便会有许多遗憾，许多惭愧，这又怎么会原谅自己呢？

明镜虽足以照秋毫之末，然持以照面不照手者何？面不自见，借镜以见，若手则吾自见之矣。镜虽明不明于目也，故君子贵自知自信，以人言为进止，是照手之识也。若耳目识见所不及，则匪天下之见闻不济矣[①]。

注释

①**匪**：同“非”。

译文

明亮的镜子虽然可以照到很细微的东西，但人们总是用它来照面孔而不照手，这是为什么呢？因为脸不能自己看到，所以要借用镜子，而手自己能够看到罢了。镜子虽然明亮，但比不上自己的眼睛，所以君子贵有自知之明，以他人的言论为进止的标准，就像是用镜子照手一样的见识。如果是耳目所不能达到的事情，则必须借助众人的见闻才行。

义、命、法，此三者，君子之所以定身，而众人之所妄念者也[①]。从妄念而巧邪图以幸其私，君子耻之。夫义不当为，命不能为，法不敢为，虽欲强之，岂惟无获，所丧多矣，即获亦非福也。

注释

①**妄念**：过分的念头，胡思乱想。

译文

义、命、法三者，是君子用以安身立命的，而普通人却为之胡思乱想。有了妄念就会投机取巧，希望满足私欲，这是君子所不齿的。因此礼义不应当违背，君命不应当违背，法度不应当违背，虽然试图强行违背，其结果不只是一无所获，所丧失的实际上更多，即使有一些收获，也不是什么福气。

避嫌者，寻嫌者也。自辩者，自诬者也。心事重门洞达，略不回邪，行事八窗玲珑，毫无遮障，则见者服，闻者信。稍有不白之诬，将家家为吾称冤，人人为吾置喙矣[①]。此之谓洁品，不自洁而人洁之。

注释

①**置喙**：张口说话。喙，口。

译文

躲避嫌疑的人，也就是惹上嫌疑的人。为自己辩护的人，也就是诬陷自己的人。把重重心事之门打开，略不回避，做事八面玲珑，毫不掩饰，那么人们见到就会叹服，听到就会相信。稍微有一点儿不白之冤，家家都会为我喊冤叫屈，人人都会为我辩解。这就叫作清白有操守的人品，不用自洁，自然有人使其纯洁。

善之当为，如饮食衣服然，乃吾人日用常行事也。人未闻有以祸福废衣食者，而为善则以祸福为行止[①]；未闻有以毁誉废衣食者，而为善则以毁誉为行止。惟为善心不真诚之故耳。果真果诚，尚有甘死饥寒而乐于趋善者。

注释

①**行止**：做或停止。

译文

应该积德行善，就像每天要穿衣吃饭一样，是每个人日常所做的事情。没听说有谁因为祸福之事而废衣弃食的，但是行善却首先要考虑结果是福是祸；没有听说有谁因为受到毁誉之言而废衣弃食的，但是行善却先要考虑结果会受到毁谤还是称赞。这些都是因为善心不诚的缘故。如果确实是真诚的，那么即便是死于饥寒，也会有人心甘情愿地乐于行善。

"本分"二字，妙不容言。君子持身不可不知本分，知本分，则千态万状，一毫加损不得。圣王为治，当使民得其本分，得本分则荣辱死生一毫怨望不得。子弑父[①]，臣弑君，皆由不知本分始。

注释

①**弑**：杀。

译文

"本分"这两个字，妙不可言。君子立身处世不能不知本分，知道了本分，则无论做什么都不会有一丝一毫的损增。圣明的君王治理国家，应当使百姓各守其分，这样，就不会对荣辱死生有丝毫的怨言。儿子杀死父亲，臣子杀死君王，这些都是由于不知本分的缘故。

毋以人誉而遂谓无过。世道尚浑厚，人人有心史也[①]。人之心史真，惟我有心史而后无畏人之心史矣。

注释

①**心史**：心思，心对往事的真实回忆。

译文

不要听别人赞誉自己，就以为自己没有过失。世道崇尚浑厚，人人心中都有一本账。别人的心史是真实的，只有我无愧于心才不会怕别人心中的那本账。

凡智愚无他，在读书与不读书。祸福无他，在为善与不为善。贫富无他，在勤俭与不勤俭。毁誉无他，在仁恕与不仁恕。

译文

智慧与愚笨的区别就只在于读书与不读书。遭祸与享福的区别就在于为善还是作恶。贫穷与富贵的区别就在于勤俭与不勤俭。诋毁与赞誉的区别就在于是宽恕还是不宽恕。

古人之宽大，非直为道理当如此，然煞有受用处[1]。弘器度以养德也，省怨怒以养气也，绝仇雠以远祸也。

注释

①**煞**：极，很。

译文

古代的人心胸宽广，不仅认为是理当如此，而且认为自己也很受用。用宏大的气度来修身养性提升道德，减少怨怒以修养元气，杜绝怨恨以避免灾祸。

平日读书，惟有做官是展布时。将穷居所见闻，及生平所欲为者，一一试尝之，须是所理之政事，各得其宜，所治之人物，各得其所，才是满了本然的分量。

译文

平时读书学习，只有到了做官的时候才可以施展。做了官就可以把穷困时的见闻，及平生要做的事逐件尝试一遍，使所治理的政事各得其宜，使所治理的人各得其所，这样才算是使该做的事达到了完满。

性分、职分、名分、势分，此四者宇内之大物。性分、职分在己，在己者，不可不尽；名分、势分在上，在上者，不可不守[1]。

注释

①**守**：遵守，恪守。

译文

天性、职责、名分、权势，这四者是宇宙间的大事。天性、职责在于自己，在于自己的就不能不竭尽全力；名分、权势在于居上位的人，在于上位的就不得不恪守职责。

心要有城池[①]，口要有门户。有城池则不出，有门户则不纵。

注释

①**城池**：喻指防备。

译文

心要有防备警惕，嘴要有约束。心里有了防备就不会放任自己，嘴里有了约束就不会胡言乱语。

士君子作人不长进，只是不用心，不著力。其所以不用心，不著力者，只是不愧不奋，能愧能奋，圣人可至。

译文

士君子做人没什么长进，这只是由于他不用心，不努力。他之所以不用心，不努力，是因为没有羞愧之心和奋发的激情，能够羞愧和奋发，那么就可以达到圣人的地步。

学者说话要简重从容，循物傍事，这便是说话中涵养。

译文

学者说话应深入浅出，避繁就简，寓事于物，有根有据，这就是说话的修养。

气忌盛，心忌满，才忌露。

译文

元气忌讳太盛，心胸忌讳太满，才华忌讳太过外露。

外勍敌五[①]：声色、货利、名位、患难、晏安。内勍敌五：恶怒、喜好、牵缠、褊急、积惯。士君子终日被这个昏惑凌驾，此小勇者之所纳款[②]，而大勇者之所务克也。

注释

①**勍(qíng)**：强，强劲。②**纳款**：归顺。

译文

身外有五大敌人：声娱酒色、钱财利禄、名誉地位、忧患艰难、安闲舒适。身内也有五大敌人：憎恶愠怒、喜乐爱好、牵缠踌躇、狭隘急躁、积习惯癖。士君子整天被这些事情迷惑得魂不守舍，勇气不足的人只好随其浮沉，而那些大智大勇的人一定要战胜它们。

奋始怠终，修业之贼也。缓前急后，应事之贼也。躁心浮气，畜德之贼也。疾言厉色，处众之贼也。

译文

有始无终，是学习的大敌。前松后紧，是做事的大敌。心浮气躁，是修养品德的大敌。声色俱厉，是处世的大敌。

名心盛者必作伪。

译文

好大喜功的人必然虚伪。

做大官的是一样家数[1]，做好人的是一样家数。

注释

①**家数**：家法，路数。

译文

做大官有做大官的一套办法，做好人有做好人的另一套办法。

见义不为，又托之违众[1]，此力行者之大戒也。若肯务实，又自逃名，不患于无术，吾窃以自恨焉。

注释

①**违众**：违背众人。

译文

见义不为，又借口害怕违背众人，是身体力行者最应该戒除的。如果做事踏实肯干又不计较名声，就没有做不到的事，这就是让我暗自惭愧的地方。

人一生大罪过，只在自是自私四字。

译文

人一生中最大的过错，就在于自是（自以为是）自私（自私自利）四个字。

真正受用处，十分用不得一分，那九分都无些干系，而拼死忘生、忍辱动气以求之者，皆九分也。何术悟得他醒？可笑可叹！

译文

一件东西真正有用的部分往往不足十分之一，其余十分之九都是无关紧要的，而有的人舍生忘死、忍气吞声地追求的，都是那十分之九。什么方法可以使他觉醒呢？真是可笑又可叹！

贫不足羞，可羞是贫而无志；贱不足恶，可恶是贱而无能；老不足叹，可叹是老而虚生；死不足悲，可悲是死而无闻。

译文

贫穷不值得羞耻，让人羞耻的是既贫穷又胸无大志；地位低下不值得厌恶，让人厌恶的是既低贱而又没有技能；年老并没有什么可感叹的，可感叹的是既年老又虚度了一生；死亡并不可悲，可悲的是既死亡而又无声无息。

圣人之闻善言也，欣欣然惟恐尼之①，故和之以同言，以开其乐告之诚；圣人之闻过言也，引引然惟恐拂之②，故内之以温色，以诱其忠告之实。何也？进德改过为其有益于我也。此之谓至知。

注释

①**尼**：约束。②**拂**：反感。

译文

圣人听到有道理的话，高高兴兴唯恐别人受约束，就用类似的话来附和，以便使别人乐意诚心诚意地说出来；圣人听到批评的话，小心翼翼唯恐别人有反感，因此温和诚恳地听取，以便使对方把话据实讲出。为什么要这样做呢？因为这样对自己进德改过有益。这就是最高的智慧。

古者招隐逸，今也奖恬退，吾党可以愧矣。古者隐逸养道，不得已而后出；今也恬退养望，邀虚名以干进①，吾党可以戒矣。

注释

①干进：求进。

译文

古代的朝廷招揽隐逸之士，而现在的朝廷却奖赏那些隐者，这应当让我们惭愧。古人隐居是为了修身养性，在不得已的情况下才出仕做官；今人隐居是为了树立名望，谋求虚名作为进身的筹码，这是人们应该禁戒的。

喜来时一点检，怒来时一点检，怠惰时一点检，放肆时一点检，此是省察大条款。人到此多想不起，顾不得，一错了便悔不及。

译文

高兴的时候反省一下自身，发怒的时候反省一下自身，怠慢的时候反省一下自身，放肆的时候反省一下自身，这是自我反省的重大原则。然而人们遇到这种情况时，大多数都想不起来，顾及不了，一旦错了，就会后悔莫及。

治乱系所用事。天下国家，君子用事则治，小人用事则乱；一身德性用事则治，气习用事则乱。

译文

治乱是由执政者决定的。国家大事由君子执政就会太平，由小人执政就会混乱；以德执政就会太平，意气用事执政就会引起混乱。

难管的是任意，难防的是惯病，此处着力，便是穴上着针，痒处着手。

译文

难以管住的是任性而为，难以防止的是老毛病，在这两个地方努力，就像在穴位上针灸，在痛痒的地方抓挠一样。

试点检终日说话有几句恰好的，便见所养。

译文

试着整天在说话的时候加以检点，看有几句话说得恰到好处，就可以看出自己的修养程度。

处利则要人做君子，我做小人；处名则要人做小人，我做君子。斯惑之甚也。圣贤处利让利，处名让名，故淡然恬然不与世忤[①]。

注释

①忤：逆。

译文

在利益上，要求他人保持君子风度，而自己却可以做小人；在名誉上，却要求他人被视为小人，自己被称为君子。名与利对人的诱惑就是这么大。圣贤在遇到名、利的时候，要尽量谦让，因而恬然淡泊，与世无争。

任教万分矜持、千分点检，里面无自然根本，仓卒之际，忽突之顷，本态自然露出。是以君子慎独。独中只有这个，发出来只是这个，何劳回护，何用支吾？

译文

无论多么矜持检点，由于自身内部没有根本的东西可坚守，在仓促的时候、突如其来的关头，就会露出本来的面目。因此，君子对独处特别谨慎。独处时只有这个，表现出的也只是这个，用得着掩盖、躲避吗？

力有所不能，圣人不以无可奈何者责人；心有所当尽，圣人不以无可奈何者自诿[①]。

注释

①诿：推脱，原谅。

译文

人都有力所不能及的时候，因此，圣人不会责备那些无可奈何的人；若是没有尽心尽力的话，圣人不会用无可奈何来原谅自己。

寡恩曰薄，伤恩曰刻，尽事曰切，过事曰激。此四者，宽厚之所深戒也。

译文

缺少恩爱就是薄，伤害恩爱就是刻，急功近利就是切，做事过分就是激。这四种过失，是宽厚仁爱的人应深深加以戒除的。

万物安于知足，死于无厌。

译 文

万事万物知足则能平安无事，贪得无厌就会导致死亡。

时时体悉人情，念念持循天理。

译 文

时时体会悉查人情世故，念念不忘坚持遵循天理。

大行之美，以孝为第一；细行之美，以廉为第一。此二者，君子之所务敦也。然而不辩之申生，不如不告之舜；井上之李，不如受馈之鹅。此二者，孝廉之所务辨也。

译 文

正大的行为中最美好的，以孝顺为第一；日常的行为中最美好的，以廉洁为第一。这两者，是君子必须具备的条件。然而顺从父亲从不争辩的申生，还不如不征求父亲意见的舜；陈仲子吃井边的李子，还不如吃母亲送来的鹅肉。对于这两种不同的孝行和廉行，我们必须仔细辨别。

不得罪于法易，不得罪于理难，君子只是不得罪于理耳。

译 文

不触犯法律容易，不违背天理却很难，君子的可贵就在于不违背天理。

凡在我者都是分内的①，在天在人者都是分外的。学者要明于内外之分，则在内缺一分，便是不成人处，在外得一分，便是该知足处。

注 释

①**分内**：指道德、知识、职责等本分之内的事情。

译 文

凡是取决于自己的事情，都是分内的事；而取决于命运和他人的事情，都是分外的事。求学的人要分清楚分内和分外，分内之事缺乏一点，就是不能成人的地方；分外的事多得一点，就是应该满足的地方。

取善而不用，依旧是寻常人，何贵于取？譬之八珍方丈而不下箸[①]，依然饿死耳。

注释

①**箸**：筷子。

译文

明知其为仁善而不去应用，就依然是个普通的人，那么还要争取做什么呢？比如面对丰盛的佳肴却不动筷子，仍然会饿死。

有德之容，深沉凝重，内充然有余，外阒然无迹[①]。若面目都是精神，即不出诸口，而漏泄已多矣。毕竟是养得浮浅，譬之无量人，一杯酒便达于面目。

注释

①**阒**（qù）：寂静。

译文

品德高尚之人的表情深沉庄重，内心非常充实，而外表毫无痕迹。如果表面上精神异常，即使不说话，也已经暴露出来很多了。毕竟是修养肤浅的缘故，好比没有酒量的人，只喝一杯就会脸红。

言一也，出由之口则信且从[①]；出跖之口，则三令五申，而人且疑之矣。故有言者，有所以重其言者。素行孚人[②]，是所以重其言者也。不然，且为言累也。

注释

①**由**：许由。②**孚人**：信于人。孚，信。

译文

虽然都是一样的话，出自许由之口则有人相信并且跟从；若出自盗跖之口，就是三令五申，也会有人怀疑。因此，有人讲话受到重视自有它的道理。平时的行为得到他人的信服，那么他的言论就会得到他人的重视。否则，就会因为其行为而使他的言论也遭到拖累。

世人皆知笑人，笑人不妨，笑到是处便难，到可以笑人时则更难。

译文

世人都喜欢嘲笑别人，嘲笑别人并不怎样，但嘲笑得恰当就很难，而当自己有资格去嘲笑时再嘲笑他人就更困难了。

毁我之言可闻，毁我之人不必问也。使我有此事也，彼虽不言，必有言之者，我闻而改之，是又得一不受业之师也。使我无此事耶，我虽不辩，必有辩之者，若闻而怒之，是又多一不受言之过也。

译文

指责我的话可以听听，但指责我的人是谁就不必追问了。如果指责得对，即使他不说，也会有人说，我听后改了就好，这样就又多了一个不亲自授课的老师。自己没有那样的过错，即便自己不为自己辩驳，也有人会替我辩驳，我听了如果生气的话，就又多了一个不能听取意见的过失。

精明世所畏也，而暴之①；才能世所妒也，而市之②，不没也夫！

注释

①**暴**：暴露。②**市**：兜售。

译文

世上人们敬畏精明的人，精明的人却过分暴露；世上人们嫉妒有才学的人，有才学的人却四处兜售，这还不失败吗！

只一个贪爱心，第一可贱可耻。羊马之于水草，蝇蚁之于腥膻，蜣螂之于积粪，都是这个念头。是以君子制欲。

译文

贪心不足，是最可耻可贱的事。羊马对于水草，蝇蚁对于腥膻，蜣螂对于积粪，都是这样的念头。因此，君子应该节制自己，不要纵欲过度。

闻世上有不平事，便满腹愤懑，出激切之语，此最浅夫薄子，士君子之大戒。

译文

听到世人有不平之事，就满腹愤懑，说一些激愤偏执的话，这是修养浅薄的人，士君子最忌讳这样。

仁厚刻薄，是修短关。行止语默，是祸福关。勤惰俭奢，是成败关。饮食男女，是死生关。

译文

仁厚还是刻薄，是寿命的关键所在。行动或停止、说话或沉默，是祸福的关键所在。勤劳或懒惰、节俭或奢侈，是成败的关键所在。日常饮食、男女之情，是生死的关键所在。

言出诸口，身何与焉而身亡。五味宜于口，腹何知焉而腹病。小害大，昭昭也[①]。而人每纵之徇之，恣其所出，供其所入。

注释

①**昭昭**：明白。

译文

话是从嘴里说出来的，身体与话是没有什么关系的，但招来的祸患却使身体灭亡。吃了五味，嘴里很舒服，肚子不知味道，但是肚子却要生病。贪小利而生大害，这个道理是很明白的。可是人们却常常放纵自己，随意说话，暴饮暴食。

多少英雄豪杰，可与为善，而卒无成[①]，只为拔此身于习俗中不出。若不恤群谤，断以必行，以古人为契友，以天地为知己，任他千诬万毁何妨？

注释

①**卒**：终。

译文

有多少英雄豪杰，本来可以做一番事业，但终无所成，只因为没有勇气摆脱世俗。如果不担心别人的诽谤，坚持按照自己的判断、意愿行事，以先贤古人为亲朋好友，以天地为知己同志，任凭他们百般诬陷和诋毁又怎么样呢？

为人无复扬善者之心，无实称恶者之口，亦可以语真修矣。

译文

做人没有过分赞扬善者的心，没有确实称颂恶人的言语，也可以说是真正有修养了。

世间至贵，莫如人品，与天地参，与古人友，帝王且为之屈，天下不易其守。而乃以声色、财货、富贵、利达，轻轻将个人品卖了，此之谓自贱。商贾得奇货，亦须待价，况士君子之身乎？

译文

人世间最宝贵的，就是人品，与天地相同，与古人相符，即使帝王也会屈服，天下的人都改变不了你的操守。如果为了声色、财货、富贵、名利，就轻易出卖自己，就是把自己看得卑贱了。即便是商贩有了走俏的货物还要等待合适的价格，那么士君子不是更应该如此吗？

修身以不护短为第一长进，人能不护短，则长进至矣。

译文

不护短的人在修身的过程中进步最快，能做到不护短，进步一定会很大。

作本色人，说根心话，干近情事。

译文

做真实的人，说真心的话，做合情合理的事。

君子有过不辞谤，无过不反谤，共过不推谤。谤无所损于君子也。

译文

君子有过失不怕他人指责；没有犯错误，也不反过来去指责别人的批评；与别人一起犯错误，不推脱自己的责任逃避批评。批评对于君子是没有损害的。

惟圣贤终日说话无一字差失，其余都要拟之而后言[1]，有余，不敢尽，不然，未有无过者。故惟寡言者寡过。

注释

①**拟之**：打腹稿，指说话前深思熟虑。

译文

只有圣贤每日说话可以一字不差，没有过失，其他的人都要深思熟虑后再说，并且所说的话都有所保留，不敢穷尽言辞，不然，没有不说错的。因此，只有少言寡语才能够达到少犯错误的目的。

心无留言，言无择人，虽露肺肝，君子不取也。彼固自以为光明矣，君子何尝不光明？自不轻言，言则心口如一耳。

译文

心里想到什么就说什么，说话也不选择对象，这样说话，虽然说的都是真心的话，但不是君子所应采取的。他固然自以为光明正大，君子何尝不光明正大？只是不轻易发表意见，只要说话便能心口如一。

保身的是德义，害身的是才能。德义中之才能，呜呼！免矣。

译文

保全身体的是道德仁义，伤害身体的是才华能力。唉！只有合乎于道德仁义的才华能力才能免除灾祸。

谑非有道之言也，孔子岂不戏？竟是道理上洒脱。今之戏者，媟矣[1]，即有滑稽之巧，亦近俳优之流，凝静者耻之。

注释

①**媟**（xiè）：不恭敬。

译文

讽刺别人是没有修养的表现，难道孔子不开玩笑吗？只不过孔子不违背道德规范罢了。现在的人开玩笑，相互嘲笑，即使有滑稽的技巧，也是像戏子优伶一样轻浮，有涵养的人认为那是可耻的。

无责人自修之第一要道，能体人养量之第一要法。

译文

不责备别人是自我修养最基本的方法，能够体谅他人是锻炼度量提升涵养最基本的条件。

亡我者，我也。人不自亡，谁能亡之？

译文

能够毁灭我的是我自己。人不自己毁灭自己，那又有什么人能够使其毁灭呢？

沾沾煦煦，柔润可人，丈夫之大耻也。君子岂欲与人乖戾？但自有正情真味。故柔嘉不是软美，自爱者不可不辨。

译文

沾沾煦煦，温柔顺从迎合别人，是大丈夫的极大耻辱。君子难道故意与别人意见不同吗？不，只不过应该具有正直的人情和真挚的态度。因此，温厚柔和并不是软弱美丽，有自爱之心的人是不可以不分辨清楚的。

问　学

学必相讲而后明，讲必相直而后尽①。孔门师友不厌穷问极言，不相然诺承顺，所谓审问明辩也。故当其时，道学大明②，如拨云披雾，白日青天，无纤毫障蔽。讲学须要如此，无坚自是之心③，恶人相直也。

注释

①**直**：相互辩论。②**道学**：指先王之道，先圣之学。③**自是**：自以为是。

孔门七十二贤

孔子是我国古代著名的思想家和教育家，也是儒家学派的创始人。《史记·孔子世家》记载："孔子以诗、书、礼、乐教，弟子盖三千焉，身通六艺者七十有二人。""孔门七十二贤"是孔子思想和学说的坚定追随者和实践者，也是儒学的积极传播者。其中颜回既是"孔门七十二贤"之首，也是"孔门十哲之首"，儒家五圣之一，被后世尊称为"复圣"。

译文

学问必须先相互讲解才能明白，讲解必须先相互辩论而后方能弄清正误。孔门的教师、学友反复询问讨论，从不互相敷衍，这就是通过问答而使自己更加明白，以增强分辨能力。所以孔子所在的时代，道学大盛，好像拨开云雾，见到青天白日，没有丝毫障蔽。讲论学问就要像这样，不要有自以为是的心理，不要厌恶别人的辩论。

静是个见道的妙诀，只在静处潜观，六合中动的机括都解破。若见了，还有个妙诀以守之，只是一，一是大根本。运这一，却要因时通变。

译文

平静是明辨道理的方法，只有平静地观察思索，天地间的运动变化才能被识破。若是仍需一个秘诀以保持这种静的境界，那便是"一"，这是个大根本。但是在运用"一"的时候，却需要因不同对象而有所变通。

读书人最怕诵的是古人语，做的是自家人。这等读书，虽闭户十年，破卷五车，成什么用？

译文

读书人最不应该的是读古人的书，却做自己的事。这样的读书方法，即使潜学十年，读破万卷经书，又有什么有益之处？

不由心上做出，此是喷叶学问。不在独中慎起，此是洗面工夫，成得甚事？

译文

不是从内心悟出来的学问，就像是喷枝修叶那样肤浅的学问。不由自己独到见解中得到，就像是洗脸刷牙那样表面的功夫，能做成什么事呢？

上吐下泻之疾，虽日进饮食，无补于憔悴；入耳出口之学，虽日事讲究，无益于身心。

译文

若得了上吐下泻的病，即使每天照样饮食，也改变不了憔悴的面容；浮于听了便忘、不存心上的学问，即便日学夜思地钻研，对身心也没有任何益处。

只人人去了我心，便是天清地宁世界。

译文

只要人人都去掉了私心杂念，就会达到天地清静安宁的境界。

塞乎天地之间，尽是浩然了[1]。愚谓根荄须栽入九地之下，枝梢须插入九天之上，横拓须透过八荒之外，才是个圆满工夫，无量学问。

注释

①**浩然**：这里指孟子所谓的至大至刚，配仁与义的浩然之气。

译文

充塞天地之间的都是浩然正气。我认为此气的根应植入九地之下，枝梢应高入九天之上，横拓应透过八荒之外，才能达到学问的圆满而无所限量。

我信得过我，人未必信得过我，故君子避嫌。若以正大光明之心，如青天白日，又以至诚恻怛之意[1]，如火热水寒，何嫌之可避？故君子学问，第一要体信。只信了，天下无些子事。

注释

①**恻怛**：忧伤悲痛，引申为同情、哀怜。

译文

我自己信得过自己，别人未必信得过我，因此君子避嫌。如果能够有像青天白日一样光明正大的心胸，能够有像水火一般坦白诚挚的诚意，那么又有什么嫌疑需要回避呢？因此君子做学问，首要的是诚信。只要做到诚信，天下就不会有什么事了。

悟者，吾心也。能见吾心，便是真悟。

译文

省悟，指自己内心能真正觉醒。倘若能够认识到自己的内心，便是真正做到了省悟。

明理省事，此四字学者之要务。

译文

明白事理，体察人事，这是求学之人的首要任务。

今人不如古人，只是无学无识。学识须从三代以上来，才正大，才中平。今只将秦汉以来见识抵死与人争是非，已自可笑；况将眼前闻见、自己聪明，翘然不肯下人，尤可笑也。

译文

今人比不上古人，只在于没有真正的学问，没有自己的认识。知识只有从三代以上去寻求，才能正大中平。今人只把秦汉以来的学问当作知识拼命与别人争论辨析，已经够可笑了；更何况有人只把眼前的见闻、自己的感触与人争论，又不肯认输，这就更加可笑了。

学者大病痛，只是器度小。

译文

对于学者来说，最大的危害就是心胸器度狭小。

识见议论最怕小家子势。

译文

发表见解，谈议论证，最怕小家子气。

默契之妙[①]，越过六经、千圣，直与天地谈，又不须与天交一语，只对越仰视，两心一个耳。

注释

①**默契**：暗暗相合。

译文

默契的妙处，在于它超越了六经、古今圣贤，直接领悟到自然的规律，又无须与天交谈一言半语，只以俯仰纵观，就会两心相应。

学者只是气盈，便不长进。含六合如一粒，觅之不见；吐一粒于六合，出之不穷，可谓大人矣。而自处如庸人，初不自表异，退让如空夫，初不自满足，抵掌攘臂，而视世无人，谓之以善服人则可。

译文

求学的人要是过于气盛，便不会长进。将天地四方包含收尽，欲寻之而不见；将所包含发至天地四方，且用之不穷，这真可以称作伟大之人。若自处时如同普通百姓，起初并不显示自己的异处，退让如同毫无学识的人，开始时也不自我满足，抵掌攘臂视世无人，这样的人才能称作是以善服人。

心术、学术、政术，此三者不可不辨也。心术要辨个诚伪，学术要辨个邪正，政术要辨个王伯[1]。总是心术诚了，别个再不差。

注释

①伯：通“霸”。

译文

心术、学术、政术，这三样不可不分辨清楚。心术要辨别真诚或虚伪，学术应该辨别其邪恶或正直，政术应该辨别其王业或霸业。总之，若心术真诚，其他的也就不会有错。

脱尽“气习”二字，便是英雄。

译文

能够将俗习邪气摆脱殆尽，就能称为英雄。

理以心得为精，故当沉潜；不然，耳边口头也。事以典故为据，故当博洽；不然，臆说杜撰也。

译文

道理是以心领神会为其精髓的，所以应当深沉庄重；否则的话，只不过听听、说说罢了。做事应以典制为根据，因此应当博广融洽；否则的话，就不过是主观臆断，或者是凭空杜撰罢了。

天是我的天，物是我的物。至诚所通，无不感格[1]。而乃与之扞隔抵牾，只是自修之功未至。自修到格天动物处，方是学问，方是功夫。未至于此者，自愧自责不暇，岂可又萌出个怨尤的意思？

注释

①**感格**：感触。

译文

天是我的天，物是我的物。若用至诚之心去贯通，则万物没有不能去感触的，如果遇到阻隔障碍，就是自我修养不够的缘故。自我修养到了通晓客观规律、洞察万事万物的地步，才是真正的学问和素养。还没有达到这个境界的，自愧自责还来不及，哪有工夫萌生怨天尤人的意思呢？

扶持资质，全在学问。任是天资近圣，少此二字不得。三代而下无全才，都是负了在天的，欠了在我的，纵做出掀天揭地事业来，仔细看他，多少病痛！

译文

提高别人的资质，全在于学问。即便有近于圣人的天才资质，没有学问也是不行的。三代以来没有全才，都是要么缺乏天资，要么缺少人为，即使做了什么惊天动地的事业，仔细看看，也还存在着许多毛病啊！

劝学者，歆之以名利①；劝善者，歆之以福祥。哀哉！

注释

①**歆**：投其所好。

译文

劝人学习的，用名利来投其所好；劝人向善的，则用福祥来投其所好。这是多么可悲啊！

道理书尽读，事务书多读，文章书少读，闲杂书休读，邪妄书焚之可也。

译文

讲道理的书应全部读尽，讲事务的书应尽量多读，文学书最好少读，闲杂书最好不要读，邪淫虚妄的书则可以焚烧掉。

君子知其可知，不知其不可知。不知其可知则愚，知其不可知则凿。

译文

君子只具备有益的知识，而不具备没有益处的知识。不具备有益的知识就会愚昧，具备没有益处的知识就会堕落。

万仞峻嶒而呼人以登[①]，登者必少。故圣人之道平，贤者之道峻。穴隙迫窄而招人以入，入者必少。故圣人之道博，贤者之道狭。

注释

①**万仞**：形容高。仞，古以七尺或八尺为一仞。

译文

叫他人攀登万仞陡峭的山峰，应声而去攀登的人一定很少。因而圣人的道路平坦，贤者的道路险峻。洞穴狭窄却让人钻入，愿意钻入的人必定很少。因而圣人的道路宽广，贤者的道路狭窄。

以是非决行止，而以利害生悔心，见道不明甚矣！

译文

以是非来决定行动或停止，因利害而萌生后悔之心，这是十分不明天道的想法啊！

怠惰时看工夫，脱略时看点检，喜怒时看涵养，患难时看力量。

译文

慵懒时要看一个人的功夫，不注意时要看一个人的检点，喜怒时要看一个人的涵养，在患难的时候要看一个人的力量。

自德性中来，生死不变；自识见中来，则有时而变矣。故君子以识见养德性。德性坚定，则可生可死。

译文

从德行出发，就会生死都不变；从见识出发，就会有变化的时候。因而君子用知识的增长来怡养德行。德行坚定了，就不会惧怕生死。

学问之功，生知圣人亦不敢废。不从学问中来，任从有掀天揭地事业，都是气质作用。气象岂不炫赫可观？一入圣贤秤尺，坐定不妥贴。学问之要如何？随事用中而已。

译文

学问的功益，即使生来就知道自己是圣人也不能将其荒废。倘若没有学问，即便做出惊天动地的事业，也不过是气质的作用。气象难道不煊赫可观吗？但一旦用圣贤的标尺来衡量，必定不合适。学问的根本在哪里呢？就在于遇事采用中道。

学者，穷经博古，涉事筹今，只见日之不足，惟恐一登荐举，不能有所建树。仕者，修政立事，淑世安民，只见日之不足，惟恐一旦升迁，不获竟其施为。此是确实心肠，真正学问，为学为政之得真味也。

译文

学者虽然读遍经传而通古博今，只担心时日不够，唯恐一旦做官负责，不能够有所建树。为官的人修政立事，改造世风，安定百姓，只担心时日不够，唯恐一旦升迁，不能完成未完成的事。这些是务实的人，真正有学问的人，不管是讲学还是从政都会有收获。

进德修业在少年，道明德立在中年，义精仁熟在晚年。若五十以前德性不能坚定，五十以后愈懒散，愈昏弱，再休说那中兴之力矣！

译文

在年轻的时候进德修业，在中年的时候就会道明德立，老年时则义精仁熟。如果五十岁之前还没有获得坚定的德行，五十岁之后就会越发懒散昏弱，更不用说那中兴的力气了！

世间无一件可骄人之事。才艺不足骄人，德行是我性分事，不到尧、舜、周、孔，便是欠缺。欠缺便自可耻，如何骄得人？

译文

世上没有任何事情可以引以为骄傲自大的。才艺不值得夸耀，德行是我应当具有的分内之事，达不到尧、舜、周公、孔子的境界就是有所欠缺。既然有所欠缺就应当自知羞愧，还怎么骄傲得起来呢？

有希天之学，有达天之学，有合天之学，有为天之学。

译文

有遵循天道的学问，有通达天道的学问，有与天道相融的学问，有改变自然的学问。

圣学下手处，是无不敬；住脚处，是恭而安。

译文

学习圣人的时候，是没有不敬的地方；在停止的时候，是恭敬而安稳。

小家学问，不可以语广大；溷障学问，不可以语易简。

译文

与狭隘的学问无法谈论广大的事情，和混沌烦琐的学问无法谈论简单平易的事情。

天下至精之理、至难之事，若以潜玩沉思求之，无厌无躁，虽中人以下，未有不得者。

译文

天下最精微的道理、最困难的事情，如果能潜下心来认真探求，没有厌烦，不感到枯燥，即便是很一般的人，也没有不能掌握的。

为学第一工夫，要降得浮躁之气定。

译文

学习的第一素养，是不要心焦气躁，而要气定神闲。

学者万病，只一个"静"字治得。

译文

学者的各种弊端，只有以平静才能克服。

学问以澄心为大根本，以慎口为大节目。

译文

做学问要以平心静气为根本，其关键是慎口寡言。

读书能使人寡过，不独明理。此心日与道俱，邪念自不得而乘之。

译文

读书不仅能使人明白事理，还能使人少犯错误。这样，由于心境时刻与道理吻合，邪念就没有机会乘虚而入了。

天地万物，其情无一毫不与吾身相干涉，其理无一毫不与吾身相发明。

译文

天地万物之情没有丝毫不与我有关的，其道理没有一点不可以和我互相启发阐明的。

凡字不见经传，语不根义理，君子不出诸口。

译文

凡是不见于经传的文字，凡是没有根据的义理，君子是不会说出口的。

古之君子病其无能也，学之；今之君子耻其无能也，讳之。

译文

古代的君子担心自己无能，于是努力学习；现在的君子为自己的无能感到羞耻，于是极力遮掩。

人生气质都有个好处，都有个不好处。学问之道无他，只是培养那自家好处，救正那自家不好处便了。

译文

人天生的气质既有好的一面，又有不好的一面。做学问没有别的，就是培养好的一面，纠正自己不好的一面而已。

道学不行，只为自家根脚站立不住。或倡而不和，则势孤；或守而众挠，则志惑；或为而不成，则气沮；或夺于风俗，则念杂。要挺身自拔，须是有万夫莫当之勇，死而后已之心。不然，终日三五聚谈，焦唇敝舌，成得甚事？

译文

道学不能实行，是因为自己没有牢固的基础。或者提倡却无人应和，而显得势单力薄；或者一遇阻挠，就意志消沉；或者因为力不从心，而灰心丧气；或者由于俗念侵扰，而心有旁骛。要在这种情形中自拔，就需要相当大的勇气和死而后已的决心。不然的话，整日聚众闲谈，唇焦舌燥，能干成什么呢？

役一己之聪明，虽圣人不能智；用天下之耳目，虽众人不能愚。

译文

只凭一个人的聪明，即使圣人也不会做出明智的决定；运用大家的耳目，即便是众人也不能将其蒙蔽。

屋漏之地[①]，可服鬼神；室家之中，不厌妻子，然后谓之真学、真养。勉强于大庭广众之中，幸一时一事不露本象，遂称之曰贤人君子，恐未必然。

注释

①**屋漏**：指独处之时。

译文

在独自一人时其行为可使鬼神敬服，和妻子儿女在一起时其行为不被厌恶，这样才是有真正的学问和修养。在大庭广众之中勉强做做样子，侥幸一时没有露出马脚，就称其为贤人君子，恐怕不能这样。

身不修而惴惴焉，毁誉之是恤。学不进而汲汲焉，荣辱之是忧。此学者之通病也。

译文

自己不加强身心的修养，整日为毁誉而顾虑重重。不努力学习，成天为荣辱之事而忧心忡忡。这是做学问的人的通病。

冰见烈火，吾知其易易也，然而以炽炭铄坚冰，必舒徐而后尽；尽为寒水，又必待舒徐而后温；温为沸汤，又必待舒徐而后竭。夫学岂有速化之理哉？是故善学者无躁心，有事勿忘从容，以俟之而已。

译文

寒冰遇到烈火，我们就可以看出它很容易被融化，然而用炽热的炭火来烧坚冰，必定是慢慢融化；寒冷的水，又必须经过缓慢的过程而逐渐变温；温水变成沸水，又慢慢被烧干。做学问哪有速成的道理呢？因而善学的人不会心情急躁，有事不忘从容，静静地等待它的进展。

天　道

天道常与人道对称，是中国哲学的重要范畴。中国古代哲学家大都认为人道与天道一致，以天道为本。一些哲学家主张，天道是客观的自然规律，天人互不干预。如荀子主张“明于天人之分”“天行有常，不为尧存，不为桀亡”，人应“制天命而用之”。另一些哲学家则认为天有意志，天道和人事是相互感应的，天象的变化是由人的善恶引起的，也是人间祸福的预兆。如董仲舒的“天人感应”。还有一些哲学家认为天道具有某种道德属性，是人类道德的范本，天道是人类效法的对象。天道与人道是中国哲学中的一对重要范畴。历代的解释或有出入，但大体不出以上几种基本观点。

学问大要，须把天道、人情、物理、世故识得透彻，却以胸中独得中正的道理消息之。

译文

学问的关键，要把天道、人情、物理、世故认识清楚，再用自己心中独有中正的见解来分析。

与人为善，真是好念头。不知心无理路者，淡而不觉；道不相同者，拂而不入。强聒杂施，吾儒之戒也。孔子启愤发悱[①]，复三隅，中人以下不语上，岂是倦于诲人？谓两无益耳。故大声不烦奏[②]，至教不苟传[③]。

注释

①**愤**：心里想求通而未通的样子。**悱**：口欲言而未能的样子。②**烦**：烦琐。**奏**：指向上进言。③**苟传**：随便传授。

译文

与人为善，是个好念头。然而没头脑没理路的人，冷淡而没有感觉；道不相同的人，拂逆而不入。对这类人还聒噪唇舌，是儒者的大戒。孔子教导学生，不在他想明白时不去开导他，不在他想说话时不去启发他，教给他知识，要求他举一反三，对资质中等的人就不告诉他高深的道理，这难道是不愿教导人吗？只是认为那样没有用罢了。因而，大的声音不必多次表达，高深的道理不可随意传人。

卷 三

应 务

闲暇时留心不成，仓卒时措手不得，胡乱支吾，任其成败，或悔或不悔，事过后依然如昨。世之人如此者，百人而百也。“凡事豫则立”，此五字极当理会。

译 文

闲暇的时候没有留意谨慎，到了仓促的时候便会感到措手不及，胡乱应付，不顾成败，或是后悔或是不后悔，事情过去后依然如故。世上像这样的人太多了。“每一件事情要事先考虑周密才能成功”，这是极有道理的。

道眼在是非上见，情眼在爱憎上见，物眼无别白①，浑沌而已。

注 释

①**别白**：分析，剖析。

译 文

道的精要之处在大是大非上表现得极为分明，情感的精要之处在爱憎上表现出来，物的精要之处没有办法剖析，只是一片混沌。

实见得是时，便要斩钉截铁，脱然爽洁。做成一件事，不可拖泥带水，靠壁倚墙。

译 文

一旦根据实际确定对的时候，就要斩钉截铁，洒脱爽快。做成一件事情，不能拖泥带水，没有主见。

人定真足胜天。今人但委于天，而不知人事之未定耳。夫冬气闭藏，不能生物，而老圃能开冬花结春实；物性蠢愚，不解人事，而鸟师能使雀弈棋、蛙教书。况于能为之人事，而可委之天乎？

译 文

人如果信念坚定，就可以战胜命运。现在人们把一切都托付给命运，而没有认识到谋事在人的道理。冬天气候寒冷，生物不能生长，善于种植的人却能使植物在冬天开花并在春天结出果实；动物性情蠢笨，不解人事，但驯鸟之人却能使麻雀下棋、青蛙教书。何况那些可以依靠人为努力做成的事，怎么能委托于上天呢？

责善要看其人何如，其人可责以善，又当自尽长善救失之道。无指责其所忌，无尽数其所失，无对人，无峭直，无长言，无累言，犯此六戒，虽忠告，非善道矣。其不见听，我亦且有过焉，何以责人？

译文

劝人为善也要看那个人的本质如何，如果那个人可以相劝则以善言相劝，相劝时也应采取适当的方法。不要过分指责他所忌讳的东西，不要把他的过错一一历数，不要当别人的面指责，不要过分尖刻，不要长篇大论，不要喋喋不休，犯了这六戒，即使是忠告，也不是好方法。他不愿听，我也有过错，怎么怪别人呢？

众人之所混同，贤者执之；贤者之所束缚，圣人融之。

译文

众人辨不清的道理，贤人能够明确判断；贤人所受的束缚，圣人能够超脱。

肤浅之见，偏执之说，傍经据传，也近一种道理。究竟到精处，都是浮说诐辞[①]。所以知言必须胸中有一副极准秤尺，又须在堂上，而后人始从。不然，穷年聚讼，其谁主持耶？

注释

①**诐（bì）辞**：偏颇的话。

译文

肤浅的见解，偏执的学说，因为其由经传中引申出来，也似乎接近某种道理。但细细推究，都是浅薄偏颇的道理。所以判断言论，必须在心中有一个明确的标尺，又必须公之于众，然后人们才可以据此判断是非。否则，时常进行争论，又有谁能判定是非呢？

理直而出之以婉，善言也，善道也。

译文

正直的道理却以委婉的语气说出，是能说会道的表现。

处世常过厚无害，惟为公持法则不可。

译文

为人处事过于宽厚并无害处，但在秉公执法上就不能如此了。

干天下事，无以期限自宽。事有不测，时有不给，常有余于期限之内，有多少受用处。

译文

做任何事，都不要因为期限未到而放松自己。事情有出乎意料的，时势有不断变化的，常常在期限之内为自己留下余地，有许多益处。

将事而能弭[①]，当事而能救，既事而能挽，此之谓达权，此之谓才。未事而知其来，始事而要其终，定事而知其变，此之谓长虑，此之谓识。

注释

①**将事**：将要发生的事。**弭**：停止。

译文

事情快要发生却能及时中止，事情发生之时却能补救，事情已经发生却能挽回，这叫作通权达变，是有才能的表现。事情还没发生就能预测到它即将来临，事情刚刚开始就能预料到其结果，已经成为定局的事情能判断其变化，这叫作深谋远虑，是有见识的表现。

凡祸患以安乐生，以忧勤免；以奢肆生，以谨约免；以觖望生[①]，以知足免；以多事生，以慎动免。

注释

①**觖望**：因不满而怨恨。

译 文

一切的祸患，都会由安逸享乐而发生，也会因警惕勤劳而得以免除；都会由骄奢淫逸而发生，也会因谨慎自制而得以免除；都会由贪得无厌而发生，也会因知足常乐而得以免除；都会由多管闲事而发生，也会因慎重行事而得以免除。

任难任之事，要有力而无气；处难处之人，要有知而无言。

译 文

担任困难的工作之时，应该有能力而不能凭冲动；同难以相处的人打交道时，要知其心却少说话。

撼大摧坚，要徐徐下手，久久见功，默默留意。攘臂极力，一犯手，自家先败。

译 文

摇撼大树摧动坚石，要慢慢下手，久而久之才能见功效，要默默努力，伺机行事。如果突然捋起衣袖，猛力拼命去干，那么一动手就会使自己失败。

昏暗难谕之识，优柔不断之性，刚愎自是之心，皆不可与谋天下之事。智者一见即透，练者触类而通，困者熟思而得。三者之所长，谋事之资也，奈之何其自用也？

译 文

见识昏暗难谕的人，心性优柔寡断的人，性格刚愎自用的人，都不能和他们共商大事。智者一眼就能把事理看穿，见多识广的人能触类旁通，困惑的人多思考就能明白事物的真谛。这三种人的长处，是谋略大事的资本，怎么能光靠自己一个人呢？

事必要其所终，虑必防其所至，若见眼前快意便了，此最无识。故事有当怒而君子不怒，当喜而君子不喜，当为而君子不为，当已而君子不已者。众人知其一，君子知其他也。

译文

思考问题要考虑到终点，想事情要提前预防，如果只见眼前就心满意足，是最没有见识的。因而事有应当发怒的时候，君子却不发怒；事有应当喜悦的时候，君子却不窃喜；有些时候应该有所作为，君子却不去做什么；有些时候似乎应当结束了，君子却一如既往。平常人只知道当前的事情，而君子却知道其他连带的事情。

柔而从人于恶，不若直而挽人于善；直而挽人于善，不若柔而挽人于善之为妙也。

译文

性情柔弱而跟着人干坏事，不如性情刚直而劝人为善；性情刚直劝人为善，不如性情柔弱而引导人做好事。

激之以理法，则未至于恶也，而奋然为恶；愧之以情好，则本不徙义也，而奋然向义。此游说者所当知也。

译文

以理法去施以激将的策略，那么本来不想做坏事的人也会奋力去做坏事；以诚挚的情怀去感化，本来不顾道义的人也会勇于担当起正义的重任。这是游说的人应当知道的。

善处世者，要得人自然之情。得人自然之情，则何所不得？失人自然之情，则何所不失？不惟帝王为然，虽二人同行，亦离此道不得。

译文

善于处世的人，应该顺应人们自然的感情。顺应人们自然的感情，那么还有什么不能得到？失去人们自然的感情，那么还有什么不会失去？不仅帝王应该这样，即便两个同行的人也离不开这个道理。

"察、言、观、色、度、德、量、力"，此八字，处世处人，一时少不得的。

译文

"察、言、观、色、度、德、量、力"，这八个字是为人处世一时一刻也离不开的方法。

人有言不能达意者，有其状非其本心者，有其言貌诬其本心者。君子观人，与其过察而诬人之心，宁过恕以逃人之情。

译文

有的人言不达意，有的人表里不一，有的人言语、面貌与本心正好相反。君子看人的时候，与其太过苛察而诬蔑了人的本心，不如多加宽恕以放过他。

人情天下古今所同，圣人防其肆，特为之立中以的之。故立法不可太激，制礼不可太严，责人不可太尽，然后可以同归于道。不然，是驱之使畔也①。

注释

①畔：同"叛"。

译文

天下古今在人情上都有共同之处，圣人为了防止人们过分放纵，特意用中庸作为标准。因而立法不能过于激进，制订礼仪不能过于严酷，指责别人不要过分挑剔，这样才合乎道理。否则，会驱使人离经叛道。

论眼前事，就要说眼前处置，无追既往，无道远图。此等语虽精，无裨见在也。

译文

说到眼前的事，就要根据眼前的事做出判断，既不要追究过去的事，也不要对将来的事有所推断。像这样的话即便再精辟，也没有太大的益处。

我益智，人益愚；我益巧，人益拙。何者？相去之远，而相责之深也。惟有道者，智能谅人之愚，巧能容人之拙，知分量不相及，而人各有能不能也。

译文

我越聪明，别人就越显得愚蠢；我越灵巧，别人就越显得笨拙。为什么呢？其实这就是相互的距离越来越远，相责则越来越深的缘故。只有修养好的人，智慧却能体谅到别人的愚蠢，灵巧还能容忍别人的笨拙，这是知道每人的天赋不同，各有所长，各有所短。

天下之事，只定了便无事。物无定主而争，言无定见而争，事无定体而争。

译文

世上的事，只要定了就不会有事。万物都因为没有固定的主人，才会有人争来夺去；言论因为没有坚定的主见，才会使人争论不休；事情也都因为没有固定的体制，才会使人争辩不休。

至人无好恶，圣人公好恶，众人随好恶，小人作好恶。

译文

道德修养达到最高境界的人没有偏好与厌恶，圣人其偏好与厌恶非常公平，一般百姓的好恶是随波逐流，小人的好恶则是依据自己的欲念。

古人爱人之意多，今人恶人之意多。爱人，故人易于改过，而视我也常亲，我之教常易行；恶人，故人甘于自弃，而视我也常仇，我之言益不入。

译文

古人对他人的善意比较多，现在的人对他人的厌恶比较多。从爱他人的意愿出发，他就容易改正错误，并对我怀有好感，我的教导也易于被他接受；如果从厌恶他人的想法出发，他就容易自暴自弃，并对我怀有敌意，我对他的教导也就很难被他听进去。

观一叶而知树之死生，观一面而知人之病否，观一言而知识之是非，观一事而知心之邪正。

译文

观察一片叶子，就可以知道整棵树的生死；观察一个人的面色，就可以知道他是否生病；观察一个人的一句话，就可以知道他的见识是否正确，观察一件事，就可以得知那个人的心术是邪恶的还是正直的。

凡有横逆来侵，先思所以取之之故，即思所以处之之法，不可便动气。两个动气，一对小人，一般受祸。

译文

每当有横暴行为来侵时，要先想想招来此事的原因，然后想想该怎样处理它，不可以一开始就生气动怒。如果双方都动气，那就是一对小人，同样会受到祸害。

以时势低昂理者，众人也；以理低昂时势者，贤人也；惟理是视，无所低昂者，圣人也。

译文

以时势来改变道理的，是一般的人；以道理来改变时势的，是贤人；坚持道理，没有任何改变的，是圣人。

贫贱以傲为德，富贵以谦为德，皆贤人之见耳。圣人只看理当何如，富贵贫贱除外算。

译文

贫贱时以傲世为美德，富贵时以谦逊为美德，这些都是贤人的见识。圣人只看根据道理应该怎样做，而把富贵贫贱都置之度外。

成心者见成之心也，圣人胸中洞然清虚无个见成念头，故曰绝四[①]。今人应事宰物都是成心，纵使聪明照得破，毕竟是意见障。

注释

①**绝四**：不凭猜测，不绝对肯定，不固执拘泥，不自以为是。

译文

所谓成见，就是对事物形成固定的见解和看法，圣人胸中清静虚无，毫无偏见，因而叫杜绝四弊。今天人们待人接物却都靠偏见，即使是聪明得看得出来，但终归是偏见。

凡听言，先要知言者人品，又要知言者意向，又要知言者识见，又要知言者气质，则听不爽矣。

译文

凡是听取别人的话，首先应该了解发言论者的人品，又要知道其进言的目的，了解他的见识如何，并且还要明辨他的个性气质，这样就不会因盲目听信而出现偏差了。

处世只一“恕”字[1]，可谓以己及人，视人犹己矣。然有不足以尽者。天下之事，有己所不欲而人欲者，有己所欲而人不欲者。这里还须理会，有无限妙处。

注释

①**恕**：宽恕。

译文

处世要本着宽恕的原则，就是以自己来体谅他人，把他人当作自己一样。即便是这样也有不够全面的地方。天下的事情，有自己不想做而别人想做的，也有自己想做但别人不想做的。这里有很多哲理，应好好体会其中的奥妙所在。

万弊都有个由来，只救枝叶，成得甚事？

译文

各种弊端都有其产生的原因，如果只在细枝末节上下功夫，那能做成什么事呢？

与小人处，一分计较不得，须要放宽一步。

译文

与小人相处，一点也不能计较，必须要宽容大度一些。

处天下事，只消得“安详”二字。虽兵贵神速，也须从此二字做出。然“安详”非迟缓之谓也，从容详审，养奋发于凝定之中耳。是故不闲则不忙，不逸则不劳。若先怠缓，则后必急躁，是事之殃也。十行九悔，岂得谓之安详？

译文

处理天下的事，只需要“安详”就可以了。虽然兵贵神速，但也应从这两个字做起。但“安详”并不是迟缓的意思，而是从容不迫，于凝定之中厚积薄发。因此，不闲则不忙，不逸也就不劳。如果开始的时候倦怠迟缓，后来就一定非常繁忙急躁，这对办事情有很大的危害。像这样办事，十件会有九件后悔的，哪里能称得上安详呢？

果决人似忙，心中常有余闲；因循人似闲，心中常有余累。君子应事接物，常赢得心中有从容闲暇时便好。若应酬时劳扰，不应酬时牵挂，极是吃累的。

译文

果断的人看似很忙，事实上内心却时常很空闲；因循守旧的人看似很空闲，但事实上很劳累。君子办事情的时候，以做到自己心里感到从容闲暇为好。如果应酬的时候劳累烦扰，不应酬的时候还要有所牵挂，那可太累了。

分明不动声色，济之有余，却露许多痕迹，费许大张皇，最是拙工。

译文

表面上不动声色，办事留有余地，但实际上却留下很多痕迹，有时不免手足无措，这是最笨拙的。

天下有两可之事，非义精者不能择。若到精处，毕竟止有一可耳。

译文

世人有许多两可之事，不是精通义理的人是不能正确选择的。倘若到了真正关键的地步，终究只有一种选择。

圣人处事，有变易无方的，有执极不变的，有一事而所处不同的，有殊事而所处一致的，惟其可而已。自古圣人适当其可者，尧、舜、禹、文、周、孔数圣人而已。当可而又无迹，此之谓至圣。

译文

圣人处事，有变化而无极限的，有坚持自己的见解始终不变的，有在一件事上所持的观点有所不同的，有对于不同事情都是持一种态度的，只要能做到恰当就行。从古至今的圣人能做到恰到好处的只有尧、舜、禹、周文王、周公、孔子等几位圣人而已。能做到恰到好处而又不留痕迹的，这才可称为至圣。

禹

禹，后世尊称大禹，夏后氏首领，传说为帝颛顼的曾孙，黄帝轩辕氏第六代玄孙。他的父亲名鲧。相传禹治黄河水患有功，受舜禅让继帝位。禹是夏朝的第一位天子，因此后人也称他为夏禹。他是我国上古时代与尧、舜齐名的贤圣帝王，他最卓著的功绩就是历来被传颂的治理滔天洪水，又划定中国国土为九州。后人称他为大禹，也就是伟大的禹的意思。

圣人处事，如日月之四照，随物为影；如水之四流，随地成形，己不与也。

译文

圣人处理事情，如同日月那样光芒四射，给万物留下影子；也如同水流向四面八方，依据地势形成不同形状，而自己却并没有参与其中。

使气最害事，使心最害理。君子临事，平心易气。

译文

冲动对事情最有危害，凭心机对事理最有危害。因此，君子在处理事情时，平心静气。

昧者知其一，不知其二，见其所见，而不见其所不见。故于事鲜克有济①。惟智者能柔能刚、能圆能方、能存能亡、能显能藏，举世惧且疑，而彼确然为之，卒如所料者，见先定也。

注释

①**鲜**：少。**克**：能。**济**：益。

译文

愚蠢的人只知其一，不知其二，只知道自己所看见的，而不知道自己没有看见的。因此，做事时很少能获得成功。只有聪慧的人能柔能刚、能圆能方、能存能亡、能显能藏，世人都畏惧和怀疑的事，他们却能坚定地做下去，最终就像预料中的那样，被预先测定了。

字到不择笔处，文到不修句处，话到不检口处，事到不苦心处，皆谓之自得。自得者，与天遇。

译文

写字到了不用考虑如何下笔运笔时，文章到了不需要想如何修饰润色时，说话到了不需要想怎么去说时，做事到了不用煞费苦心地思索时，就都可以称之为自得。所谓自得，就是能与天地融会贯通。

无用之朴，君子不贵，虽不事机械变诈，至于德慧术知，亦不可无。

译文

没有作用的朴实，即便是君子也不认为有可贵之处，君子虽然不搞阴谋诡计，但是德行、聪慧、权术和智慧，也是必不可少的。

神清人无忽语，机活人无痴事。

译文

神志清醒的人就不会胡言乱语，机敏灵活的人也就不会办蠢事。

天下事只怕认不真，故依违观望，看人言为行止。认得真时，则有不敢从之君亲，更那管一国非之，天下非之。若作事先怕人议论，做到中间一被谤诽，消然中止，这不止无定力，且是无定见。民各有心，岂得人人识见与我相同？民心至愚，岂得人人意思与我相信？是以作事君子要见事后功业，休恤事前议论，事成后众论自息。即万一不成，而我所为者，合下便是当为也，论不得成败。

译文

天下之事就怕认得不真切，所以就会有犹豫不决的观望态度，随着他人的言行而动。如果能够认得真切，那么就不盲从其国君、父母的言行，更别说他人的非议了。如果做事一开始就害怕别人的议论，事情做了一半，听到别人的诽谤就马上停止，这不但是没有定力，而且是没有主见。民各有心，哪能人人的见解都与自己相同呢？民心至愚，哪能人人都相信我呢？因此，君子做事要让人看到事成后的功绩，不怕事前的议论，事成后议论自然就会停止。即使事情没有成功，但我所做的，是应该去做的，就不用计较成败。

士君子在朝则论政，在野则论俗，在庙则论祭礼，在丧则论丧礼，在边圉则论战守[1]。非其地也，谓之羡谈。

注释

①边圉(yù)：边疆。

译文

士君子在朝廷上则谈论政事，在民间则谈论风俗，在庙堂之上则谈论祭祀，在丧葬时则谈论丧礼，在边疆则谈论战守。如果不在其地，都是空谈。

处事先求大体，居官先厚民风。

译文

处理事情首先应顾全大局，作为官员首先要使民风淳厚。

临义莫计利害，论人莫计成败。

译文

大义当前时不要计较个人的利害得失，评论一个人的功过是非时不能以其成败为依据。

遇事不妨详问、广问，但不可有偏主心。

译文

遇到什么事情不妨详细和全面地询问、打听，但是不应有偏见和主观的想法。

轻言骤发，听言之大戒也。

译文

轻率的意见随意地发表，是听言者最应该警诫的。

君子处事，主之以镇静、有主之心，运之以圆活、不拘之用，养之以从容敦大之度，循之以推行有渐之序，待之以序尽必至之效，又未尝有心勤效远之悔。今人临事才去安排，又不耐踌躕，草率含糊，与事拂乱，岂无幸成，竟不成个处事之道。

译文

君子处理事务主要是应该镇定、有主见，运用灵活而不拘小节的方法，培养宽宏大量的涵养，然后循序渐进地进行，到了适当的程度就会产生预想的效果，而不会有劳而无功的悔恨遗憾了。现在的人们，遇到事情才去安排，又不会从容忍耐，草率行事，与情理相违，这样做也会有侥幸成功的，但终究不是处事的办法。

君子与人共事，当公人己而不私。苟事之成，不必功之出自我也；不幸而败，不必咎之归诸人也。

译文

君子与他人处事，应公平对待，不应存有私心。如果事情办成了，没有必要把功劳归于自己；假如不幸失败了，也不要把过错都推给别人。

水之流行也，碍于刚则求通于柔。智者之于事也，碍于此则求通于彼。执碍以求通，则愚之甚也，徒劳而事不济。

译文

水在流动时，受到坚硬物体的阻碍，就会在松软的地方通过。有智慧的人做事的时候，在一方面碰到了阻碍隔阂，就会争取从别的地方着手而求得贯通。固守障碍物以求通过，是很愚蠢的，最终只能是徒劳而无济于事。

夫势，智者之所借以成功，愚者之所逆以取败者也。夫势之盛也，天地圣人不能裁；势之衰也，天地圣人不能振，亦因之而已。因之中寓处之权，此善用势者也，乃所以裁之振之也。

译文

时势，智慧的人顺应它可以成功，愚钝的人忤逆它而惨遭失败。时势盛大的时候，即便是天地圣人也裁制不住；时势衰败的时候，即便是天地圣人也无法振作挽回，只能因循着它而已。在依靠、利用时势中加上自己的权变，这才叫作善用时势，从而使势败或势兴。

腐儒之迂说，曲士之拘谈，俗子之庸识，躁人之浅见，谲者之异言①，憸夫之邪语，皆事之贼也，谋断家之所忌也。

注释

①**谲者**：怪诞之人。

译文

迂腐儒生的迂腐之说，拘谨之人的慎言慎语，俗鄙之人的平庸见识，骄躁之人的肤浅之见，怪诞之人的异端邪说，奸邪之人的邪言恶语，都是妨害事情成功的奸贼，是谋划决策之人所忌讳的。

智者之于事，有言之而不行者，有所言非所行者，有先言而后行者，有先行而后言者，有行之既成而始终不言其故者，要亦为国家深远之虑，而求以必济而已。

译文

智者办事，有说了却不去做的，有言行不一致的，有先说后做的，也有先做后说的，有在成功之后始终不说其缘故的，关键是为了国家社稷而深远考虑，以必须成功为准则罢了。

善用力者就力，善用势者就势，善用智者就智，善用财者就财，夫是之谓乘。乘者，知几之谓也。失其所乘，则倍劳而功不就；得其所乘，则与物无忤，于我无困，而天下享其利。

译文

善于用武力的就用武力，善于用时势的就用时势，善于用智谋的就用智谋，善于用钱财的就用钱财，这叫作乘。乘，就是预知事物的发展趋势。失掉乘，即使加倍努力也不会成功；得到乘，就既不违事理，又不劳我费心，天下人都享受这样带来的好处。

疏于料事，而拙于谋身，明哲者之所惧也。

译文

不善于料理事物，自身又拙于筹划，这是明哲的人担心的。

实处着脚，稳处下手。

译文

在实处落脚，从稳处着手。

姑息依恋，是处人大病痛，当义处，虽处骨肉亦要果断。卤莽径直，是处事大病痛，当紧要处，虽细微亦要检点。

译文

姑息留恋，是为人处世时很大的缺点，如果符合大义，即便是亲生骨肉也要当机立断。鲁莽径直，是做事情的大弊，如果事情紧迫，即使是最细小的地方也要检点清楚。

正直之人，能任天下之事，其才、其守，小事自可见。若说小事且放过，大事到手才见担当，这便是饰说。到大事定然也放过了。松柏生小便直，未有始曲而终直者也。若用权变时，另有较量，又是一副当说话。

译文

正直的人，能担当天下大事，他的才干与操守，从小事上就能看出。倘若说小事可以得过且过，处理大事才能真正见担当，那这就是文饰的话。小事放过，那么遇到大事的时候也一定会得过且过的。松柏还小时便是直的，没有一开始是曲的，最后却挺直的。但如果说用权变之术，又另当别论了，要用别的标准去衡量。

无损损，无益益，无通通，无塞塞，此调天地之道、理人物之宜也。然人君自奉无嫌于损损，于百姓无嫌于益益；君子扩理路无嫌于通通，杜欲窦无嫌于塞塞。

译文

不要一减再减，一增再增，一通再通，一塞再塞，这是调剂天地的道理、应付人事的方法。但是君王对于自己的享用却不应当害怕一减再减，而对于百姓的利益不用计较一增再增；君子维护真理正义不怕一通再通，杜绝妄欲不怕一塞再塞。

处人、处己、处事，都要有余，无余便无救性，此理甚难言。

译文

对别人、对自己、对事情，都要留有余地，没有余地就不能补救，这个道理很难讲通。

悔前莫如慎始，悔后莫如改图，徒悔无益也。

译文

悔恨当初不如在开始时便谨慎，悔恨事情的结局不如另谋他事，只后悔没有什么用处。

事出于意外，虽智者亦穷，不可以苛责也。

译文

事出意外，即使智者也无可奈何，所以不应该对此苛求责怪。

天下之祸多隐成而卒至，或偶激而遂成。隐成者贵预防，偶激者贵坚忍。

译文

天下的祸患经常隐藏很久而突然出现，或者由于偶然的刺激而突然爆发。对于潜伏隐藏的祸患，重要的是事先预防，对于突如其来的祸患，重要的在于坚韧不拔。

当事有四要：际畔要果决，怕是绵；执持要坚耐，怕是脆；机括要深沉①，怕是浅；应变要机警，怕是迟。

注释

①**机括**：指治事的权柄。

译文

遇到事情有四项要诀：机遇降临时要果断坚决，怕的是绵弱不定；做事的时候要坚持忍耐，怕的是脆弱不堪一击；谋划时要深沉，怕的是浅薄浮露；应变要机警，怕的是迟疑不决。

当需莫厌久，久时与得时相邻。若愤其久也而决绝之，是不能忍于斯。须而甘弃前劳，坐失后得也，此从事者之大戒也。若看得事体审，便不必需，即需之久，亦当速去。

译文

当有所需要的时候，就不应该怕事情拖得长久，因为长久等待的时刻与得到成功的时刻已非常临近了。如果不愿长久等待而放弃，是不能容忍的行为。须臾间就前功尽弃，坐失后得，这是做事的大忌。如果能把事情看得透彻，不是必须做到的，又需要很长时间，就应当立即放弃。

朝三暮四

“朝三暮四”的故事源于《庄子·齐物论》：有一年碰上粮食歉收，养猴子的人对猴子说：“现在粮食不够了，必须节约点吃。每天早晨吃三颗橡子，晚上吃四颗，怎么样？”这群猴子听了非常生气，吵吵嚷嚷说：“太少了！怎么早晨吃的还没晚上多？”养猴子的人连忙说：“那么每天早晨吃四颗，晚上吃三颗，怎么样？”这群猴子听了都高兴起来。故事的原意是指玩弄手法欺骗人，后来人们就用“朝三暮四”来比喻常常变卦、反复无常。

朝三暮四，用术者诚诈矣。人情之极致，有以朝三暮四为便者，有以朝四暮三为便者，要在当其所急。猿非愚，其中必有所当也。

译文

朝三暮四，玩弄权术的人真是狡诈。人情的极致，有以朝三暮四为便利的，也有以朝四暮三为便利的，重要的在于当时的需要。猴子其实并不愚蠢，其中必有当务之急。

再之略，不如一之详也；一之详，不如再之详也，再详无后忧矣。

译文

反复的疏忽，不如一次考虑详尽；一次考虑详尽，不如反复考虑详尽，这样日后就不会有担忧后悔的事情发生。

有余，当事之妙道也。故万无可虑之事备十一，难事备百一，大事备千一，不测之事备万一。

译文

留有余地，是做事情的精妙之处。对万无一失的事情，要留有十分之一的余地，对困难的事情要留有百分之一的余地，对大事要留有千分之一的余地，对难以预料的事情，则要谨防万一。

在我有余，则足以当天下之感，以不足当感，未有不困者。识有余，理感而即透；才有余，事感而即办；力有余，任感而即胜；气有余，变感而不震；身有余，内外感而不病。

译文

自己留有余地，就足以应付天下之事，如果不足以应对，没有不困厄的。见识留有余地，对道理就会认识得透彻；才华留有余地，事情就感到好办；力量留有余地，就能胜任重担；元气留有余地，遇到变故就不会感到震惊；身体留有余地，内外交感而不会生病。

天下之事，在意外者常多，众人见得眼前无事都放下心。明哲之士只在意外做功夫，故每万全而无后忧。

译文

天下的事情出乎意料的很多，平常人见目前没有事便把心放下。而英明的人唯独重视意外的事情，所以每次都万无一失，没有后忧。

不以外至者为荣辱，极有受用处，然须是里面分数足始得。今人见人敬慢，辄有喜愠心，皆外重者也。此迷不破，胸中冰炭一生。

译文

不以外部所达到的目标判断荣辱，这对自己是非常有益的，然而必须是自己内心具有起码的基本条件。现在的人见到他人对自己恭敬或怠慢，心里就顿生欢喜或愠怒，都是过于重视外在因素。这种迷障不破除，一生心中都会受冰炭煎熬。

有一介必吝者，有千金可轻者。而世之论取与，动曰所直几何，此乱语耳。

译文

有时候一文钱也要吝惜，有时候千金也可轻视。世人的判断，仅从值多少钱考虑，这真是胡言乱语。

才犹兵也，用之伐罪吊民，则为仁义之师；用之暴寡凌弱，则为劫夺之盗。是故君子非无才之患，患不善用才耳。故惟有德者能用才。

译文

才干就像兵卒，用它伐罪吊民，就是仁义之师；用它欺负弱小，就是劫掠的强盗。因而君子不怕没有才能，只怕不善运用。只有有德的人才能使用才干。

藏莫大之害，而以小利中其意；藏莫大之利，而以小害疑其心。此愚者之所必堕，而智者之所独觉也。

译文

一件事里藏着很大的危害，却以小利让其满意；一件事里藏着很大的利益，却以小害而使其疑心重重。像这样愚昧的人必然堕入圈套，而唯独睿智之人能够觉察得到。

区区与人较是非，其量与所较之人相去几何？

译文

为区区小事和别人计较，他的气量和与之争论的人相差多少呢？

无识见的人，难与说话；偏识见的人，更难与说话。

译文

没有见识的人，是很难与其谈话的；有偏见的人，更难和他交谈。

天下事要乘势待时，譬之决痈，待其将溃，则病者不苦，而痈自愈。若虺蝮毒人[①]，虽即砭手断臂犹迟也[②]。

注释

①虺(huǐ)蝮：毒蛇。②砭(biān)：针刺，引申为切割。

译文

天下的事情应乘着有利的趋势，等待有利的时机，就像开决脓疮一样，等到将要溃烂时动手，病人就没有痛苦，脓疮也会自然痊愈了。如果是毒蛇使人中毒，即使立即砍下手臂也迟了。

饭休不嚼就咽，路休不看就走，人休不择就交，话休不想就说，事休不思就做。

译文

吃饭不要不嚼就下咽，走路不要不看就走，交友不要不选择就结交，话不要不假思索就说，事情不要不考虑周全就去做。

参、苓、归、芪，本益人也，而与身无当，反以益病。亲厚恳切本爱人也，而与人无当，反以速祸。故君子慎焉。

译文

党参、茯苓、当归、黄芪，本是对人有益的药材，但用法如不当，反而会让人病情加重。亲厚恳切本来是爱人的，而施予的人如不适当，反而会加速祸患的来临。因此，君子应慎重对待。

两相磨荡，有皆损，无俱全，特大小久近耳。利刃终日断割，必有缺折之时；砥石终日磨砻，亦有亏消之渐。故君子不欲敌人，以自全也。

译 文

两样东西相互摩擦，只有双方都受损失而没有能够都保全的，只是损失的大小、长久短暂有差别罢了。锋利的刀刃整天用来切割，必定会有缺口折断的时候；磨刀石整天磨刀具，也会日渐亏消。因此，君子不想树立敌人是为了保全自己。

见前面之千里，不若见背后之一寸。故达观非难，而反观为难。见见非难，而见不见为难。此举世之所迷，而智者之独觉也。

译 文

看到前面的千里，不如反顾背后的一寸。因而说达观并不难，而反视非常困难。见到能够看见的并不困难，而见到不能够看见的才是困难的事。这个是整个世俗都不清楚的地方，只有智者才能体会得到。

誉既汝归①，毁将安辞②？利既汝归，害将安辞？功既汝归，罪将安辞？

注 释

①**汝归**：归你。②**安**：哪里。

译 文

你得到了荣誉，诋毁又哪里避免得了呢？你得到了利益，祸害又哪里避免得了呢？你得到了功劳，罪责又哪里避免得了呢？

上士会意，故体人也以意，观人也亦以意。意之感人也，深于骨肉，意之杀人也毒于斧钺。鸥鸟知渔父之机，会意也，可以人而不如鸥乎？至于征色发声而不观察，则又在色斯举矣之下。

译 文

高明之士善于会意，因而体察、观察人的时候都凭借意。以意感人，可以深入骨肉，以意杀人也比大刀斧子更狠毒。鸥鸟懂得渔翁的想法，就是会意的缘故，可是人难道不如鸥鸟么？至于那些对他人的脸色突变、发出声音也不观察的人，就更可悲了。

士君子要任天下国家事，先把本身除外。所以说“策名委质”，言自策名之后，身已非我有矣。况富贵乎？若营营于富贵身家，却是社稷苍生委质于我也。君之贼臣乎？天之僇民乎①？

注释

①僇民：罪人。

译文

士大夫要想担当天下重任，就必须先把自己置之度外。所以说“策名委质”，就是说你的名字一旦被编入朝廷官员的名录后，你就委身于朝廷不得自由了。更何况富贵呢？倘若为自身的富贵而奔波劳碌，却使国家社稷和广大民众“委质”于自己。那不就是君主的贼臣？是天地的罪人了吗？

圣贤的之量空阔，事到胸中，如一叶之泛沧海。

译文

圣贤心胸开阔，事情到了心里就像漂浮在大海中的一叶扁舟那样渺小。

热闹中空老了多少豪杰，闲淡滋味惟圣贤尝得出，及当热闹时，也只以这闲淡心应之。天下万事万物之理，都是闲淡中求来，热闹处使用。是故静者动之母。

译文

在热闹中空老了多少英雄豪杰，而闲适清淡的滋味只有圣贤之人才能品尝得出来，在热闹中，也只是用这样闲淡的心去应付。天下万事万物的道理，都是从闲淡中体悟到，而在热闹时使用的。因而静是动之母。

胸中无一毫欠缺，身上无一些点染，便是羲皇以上人。即在夷狄患难中，何异玉烛春台上？

译文

胸中没有一点欠缺，身上没有一点尘染，就是羲皇以上的人。即便在东夷、北狄侵犯的灾祸患难中，又与在气候适宜之时游览美好的胜地有什么区别呢？

圣人掀天揭地事业只管做，只是不费力；除害去恶只管做，只是不动气；蹈险投艰只管做，只是不动心。

译 文

圣人对于惊天动地的事业只管去做，只是不费力；对于除恶去害的事情只管去做，只是不动气；对于赴汤蹈火般艰险的事情只管去做，只是不动心。

圣贤用刚，只够济那一件事便了；用明，只够得那件情便了，分外不剩分毫。所以做事无痕迹，甚浑厚，事既有成，而亦无议。

译 文

圣贤之人使用刚强的时候，只要能够把一件事办成就行了；圣贤之人使用明达的时候，只要能够合乎那一段情由就行了，除此以外不多出一丝一毫。因而做事了无痕迹，十分浑厚，事情办成了，也不会有异议。

被发于乡邻之斗，岂是恶念头？但类于从井救人矣，圣贤不为善于性分之外。

译 文

在乡邻争斗时披散着头发去解劝，这怎么是邪恶的念头呢？只是这样做类似于跳入井中救人，圣人不会在性分之外施行仁善的。

士君子终身应酬不止一事，全要将一个静定心，酌量缓急轻重为后先。若应缪轕情[①]，处纷杂事，都是一味热忙，颠倒乱应，只此便不见存心定性之功，当事处物之法。

注 释

①缪轕：同“纠葛”。

译 文

士君子终生应酬的也不是一件事，全要靠平静安定的心情，酌其轻重缓急作为先后的次序。如果应于纠葛，处于纷杂的事情之中，只是一味匆忙，颠倒忙乱，只是这样就不能看到他存心定性的功夫、应对事物的方法。

儒者先要个不俗，才不俗，又怕乖俗。圣人只是和人一般，中间自有妙处。

译 文

学者首先应该没有庸俗之气，没庸俗之气又忌讳违背世俗。圣人从外表上看和常人一样，但其内心自有妙处。

处天下事，先把“我”字搁起；千军万马中，先把“人”字搁起。

译文

做天下的事情，先把“我”字搁置一边；在千军万马作战的时候，应首先把身家性命放在一边。

处毁誉，要有识有量。今之学者，尽有向上的，见世所誉而趋之，见世所毁而避之，只是识不定。闻誉我而喜，闻毁我而怒，只是量不广。真善恶在我，毁誉于我无分毫相干。

译文

对待诋毁和赞誉，应该有自己的见识和气量。现在的学者，一心向上，见到别人称赞就一味趋附，见到别人诋毁就一味规避，只是见识不定。听到他人赞誉自己就高兴，听到他人诋毁自己就发怒，这是因为气量太小。其实真正的仁善与邪恶都在于自己，他人的诋毁与赞誉和自己毫不相干。

接人要和中有介[①]，处事要精中有果，认理要正中有通。

注释

①**介**：坚持，耿介。

译文

待人接物时应该在温和之中有原则，处理事情时应该在精细审度时有果决，认识道理时应该在正直之中有变通。

天下之事，常鼓舞不见疲劳，一衰歇便难振举。是以君子提醒精神，不令昏眊[①]，役使筋骨，不令怠惰，惧振举之难也。

注释

①**眊（mào）**：眼睛失神，昏暗。

译文

做天下的事情，经常受到鼓舞就不会疲劳，一旦疲劳就再难振作了。因此，君子提起并振作精神而不令其昏沉，经常活动筋骨使之不懈怠，这是防止振发的艰难。

实言、实行、实心，无不孚人之理[①]。

注释

①孚：使人信服。

译文

实话、实干、实心，没有不让人信服的。

当大事要心神定，心气足。

译文

做大事要心神气定，信心十足。

养生

夫水，遏之，乃所以多之；泄之，乃所以竭之。惟仁者能泄，惟智者知泄。

译文

将流水阻遏，就会积少成多；将水泄放，就会使水流尽。唯独仁善之人能够令其流泻，唯独睿智之人知道令其流泻的道理。

仁者寿，生理完也；默者寿，元气定也；拙者寿，元神固也；反此皆妖道也，其不然非常理耳。

译文

仁者长寿，是生理完善的缘故；静默的人长寿，是元气平定的缘故；愚拙的人长寿，是元神稳固的缘故；与这些相违背的，都是旁门左道，不符合常理。

太朴[①]，天地之命脉也。太朴散而天地之寿夭可卜矣。故万物蕃，则造化之元精耗散，木多实者根伤，草出茎者根虚，费用广者家贫，言行多者神竭，皆妖道也。老子受用处，尽在此中看破。

注释

①太朴：元气。

译文

元气，是天地的命脉。元气一散，天地的寿命就可以卜知了。因而万物繁茂，造化的元精会耗散，树木结出的果实过多根部就会受到损伤，草长过茎秆根部就会虚弱，费用多的家庭就会贫穷，言行过多的人就会精疲力竭，这些都是旁门左道。老子的明智之处，就在于看透了这些道理。

饥寒痛痒，此我独觉，虽父母不之觉也。衰老病死，此我独当，虽妻子不能代也。自爱自全之道，不自留心，将谁赖哉？

译文

饥寒痛痒，只有自己能感觉得到，即使亲生父母也不能代替自己感受。衰老病死，只有自己独自承担，即便是妻子儿女也不能代替。自爱自全的道理，自己不留心，依赖谁呢？

气有为而无知，神有知而无为。精者，无知无为，而有知有为之母也。精天一也，属水，水生气；气纯阳也，属火，火生神；神太虚也，属无，而丽于有。精盛则气盛，精衰则气衰，故甑涸而不蒸。气存则神存，气亡则神亡，故烛尽而火灭。

译文

气有作为但没有知觉，神有知觉但没有作为。精无知无为，却能孕育有知有为。精天合一，属水，水生气；气为纯阳，属火，火生神；神为太虚，属无，却附丽于有。精盛气就旺盛，精衰气就衰竭，因此蒸饭的瓦锅水干了就没有办法蒸煮食物了。气存在，则神会相应存在；气消亡，则神会随之消亡，因此蜡烛燃尽的时候火就会熄灭。

气只够喘息底，声只够听闻底，切莫长余分毫，以耗无声无臭之真体①。

注释

①**真体**：元气。

译文

气只要够喘息就行了，说话只要能让别人听到就行了，千万不要多用一点力，以免耗费无声无味的真体。

卷 四

天 地

湿温生物，湿热长物，燥热成物，凄凉杀物，严寒养物。湿温冲和之气也，湿热蒸发之气也，燥热燔灼之气也，凄凉杀气，阴壮而阳微也。严寒敛气，阴外激而阳内培也。五气惟严寒最仁。

译 文

气候温暖湿润有助于万物的滋生，气候炎热湿润有助于万物生长，气候炎热干燥有助于万物的成熟，气候凉爽凄肃则万物枯萎，气候严酷寒冷则有利于万物的养育。温暖湿润是冲和之气，炎热湿润是蒸发之气，炎热干燥是燔灼之气，凉爽凄肃是肃杀之气，阴气旺盛，阳气衰微。严寒是收敛之气，阴气外激，阳气从内培育。五气中只有严寒最仁慈。

浑厚，天之道也。是故处万物而忘言①，然不能无日月星辰以昭示之②，是寓精明于浑厚之中③。

注 释

①**忘言**：指不需用言语来表达。②**昭示**：明示。③**寓**：寄。

译 文

浑厚是自然的法则。所以世上万物相互依存，浑然一体，而不需用言语来表达，然而，不能没有日月星辰来昭示天道，这是寄精明于浑厚之中。

精存则生神①，精散则生形。太乙者②，天地之神也；万物者，天地之形也。太乙不尽而天地存，万物不已而天地毁③。人亦然。

注 释

①**精**：精气。**神**：精神。②**太乙**：同"太一"，指形成天地万物的元气。③**已**：停止。

译 文

天地万物的精气存在则会产生精神，精气耗散则万形便相应而生。太一是天地的精神，万物是天地的形体。太一不耗尽，天地就会存在；万物不停止存在，天地就会毁灭。人也一样。

天地只一个光明，故不言而人信。天地不可知也，而吾知天地之所生。观其所生，而天地之性情形体俱见之矣，是故观子而知父母，观器而知模范[①]。天地者万物之父母，而造物之模范也。

注释

①**模范**：模型，模子。

译文

天地间只有一个光明体，这是无须多言人人都知道的真理。天地不可知，而我却知道天地的出生。观察天地的出生，就能够通晓天地的性情形体，因而观察子女就知道父母，观察有形的物可以认识其模型。所谓天地，就是万物父母，是所造之物的模型。

天地之气化[①]，生于不齐，而死于齐，故万物参差，万事杂糅，势固然耳。天地亦主张不得[②]。

注释

①**气化**：指阴阳之精气的变化。②**主张**：主宰。

译文

天地的精气变化，源生于各种各样的时间和条件，而消亡于同样的原理，因而万物参差不同，万事杂糅交织，是势所必然。天地都无法自作主张。

观七十二候者，谓物知时，非也，乃时变物耳。

译文

观察七十二物候，而得出万物知晓时令的说法，是不正确的，其实不过是时令改变万物而已。

天地盈虚消息是一个套子[①]，万物生长收藏是一副印板。

注释

①**盈虚消息**：指天地万物变化现象，如日月星辰的升落、动植物的生长死亡等。

译文

天地的盈虚、消长、更替总是因循一定的规律，万物的生长、收敛、藏养总按固定的模式往复循环。

天积气所成，自吾身以上皆天也。日月星辰，去地八万四千里，囿于积气中，无纤隔微碍，彻地光明者。天气清甚，无分毫渣滓耳，故曰太清。不然，虽薄雾轻烟，一里外有不见之物矣。

译文

天是气积蓄而成的，从我的身体向上都是天。日月星辰离地面有八万四千里，都被积气所包裹，没有一点障碍，一切都是光明的。天气澄清，没有丝毫的渣滓，所以叫作太清。否则，即使空气中存在哪怕一点薄雾轻烟，一里之外就看不见东西了。

地道好生之至也。凡物之有根、种者必与之生，尽物之分量，尽己之力量，不至寒凝枯败不止也。故曰坤称母。

译文

大地之道特别好生。只要有根、有种子的东西都能在地面上生长，发挥植物的潜能，大地也发挥自身的肥力，不到寒冷冻结而植物枯败不会停止。因而把大地比作母亲。

四时惟冬是天地之性。春夏秋皆天地之情。故其生万物也，动气多而静气少。

译文

四季中只有冬天是天地的本性。春、夏、秋都是天地的情状。因而，在这三个季节万物生长，动气多而静气少。

六合中洪纤、动植之物①，都是天出气、地出质熔铸将出来②，都要消磨无迹，还他故物，不怕是金石，也要归于无③，盖从无中生来，定要都归无去。譬之一盆水，打搅起来，大小浮沤，以千万计，原是假借成的，少安静时，还化为一盆水。

注释

①**洪**：粗大。**纤**：细微。②**质**：指质料，如金、木、水、火、土等。③**归于无**：指归于气、质，而不是空无。

译文

宇宙之中无论粗大或细微的动物、植物，都是由天空的气体与大地的物质混合而成的，因此最后都要还原成原来的样子，而没有任何痕迹，哪怕是金石也要复归于气与质，因为从气与质中出生，一定要复归于气与质。就像一盆水，搅动起来，大小泡沫数以万计，这些只是借助搅动之力而产生的，一旦平静下来，就还原为一盆静水。

先天立命处，是万物自具的，天地只是个生息培养。只如草木，原无个生理，天地好生亦无如之何。

译文

先天立命，是万物自身具有的，天地只是个生息养育的场所。譬如草木如果原来没有生命的本源，天地的条件再好也无能为力。

天地间，万物都是阴阳两个共成的。其独得于阴者，见阳必避，蜗牛壁藓之类是也。其独得于阳者，见阴必枯，夏枯草之类是也。

译文

天地间的万物都是由阴、阳两个方面共同构成的。单独由阴气生成的，见到阳气就会退避，就像蜗牛、苔藓之类。单独由阳气生成的，见到阴气就会枯萎，就像夏枯草之类。

阴阳合时，只管合，合极则离[①]；离时只管离，离极则合；不极则不离不合，极则必离必合。

注释

①**极**：尽头。

译文

阴与阳该合的时候就会相合，而合到极点，就会分离；该离的时候就会分离，离到极点则再度结合；不到极点就会不离不合，到了极点必然分离或结合。

阴　阳

阴阳的概念，源自我国古人的自然观，是我国古人对宇宙万物两种相反相成的性质的一种抽象概述，也是宇宙对立统一及思维法则的哲学范畴。中国贤哲以“阴阳”二字来表示万物的对立统一，即《老子》所谓“万物负阴而抱阳”，《易传》所谓“一阴一阳之谓道”。古人观察到自然界中各种对立又统一的现象，如天地、日月、昼夜、寒暑、男女、上下等，以哲学的思想方式，归纳出“阴阳”的概念。阴阳理论已经渗透到中国传统文化的方方面面，包括宗教、哲学、历法、医学、书法、建筑、堪舆、占卜等。

既有个阴气，必有聚结，故为月。既有个阳气，必有精华，故为日。晦是月之体，本是纯阴无光之物，其光也映日得之，客也，非主也。

译文

既然有阴气，必然会聚结，所以形成了月亮。既然有阳气，必然有精华，于是形成了太阳。昏暗晦昧是月的本体，原来是纯阴无光的物体，它的光实际上是反射太阳的光线，是客体，不是主体。

水静柔而动刚，金动柔而静刚，木生柔而死刚，火生刚而死柔，土有刚有柔，不刚不柔。故金木水火皆从钟焉。得中故也，天地之全气也。

译文

水平静时柔和而动则为刚，金动则变柔和而平静则为刚，木生时柔而死时刚，火生时刚而死时柔，土的本性则有刚有柔，又不刚不柔。因而金、木、水、火都依附于土。由于从其中得到了中道，天地之气就完备了。

气化无一息之停，不属进就属退。动植之物其气机亦无一息之停，不属生就属死。再无不进不退而止之理。形生于气。气化没有的，天地定然没有；天地没有的，万物定然没有。

译文

气的流转没有一刻停歇，不进就会退。动植物的气机也没有一刻停歇，不是生就是死。绝不会有不进不退而半途中止的道理。形体生于气。没有气的化成，也就没有天地；没有天地，也就没有万物。

生气醇浓浑浊①，杀气清爽澄澈②。生气牵恋优柔，杀气果决脆断。生气宽平温厚，杀气峻隘凉薄。故春气细缊万物以生，夏气薰蒸万物以长，秋气严肃万物以入，冬气闭藏万物以亡。

注释

①**生气**：生物之气，指春气、夏气。②**杀气**：肃杀之气，指秋气、冬气。

译文

生气醇浓浑浊，杀气清爽澄澈。生气牵恋优柔，杀气果决脆断。生气宽平温厚，杀气峻隘凉薄。因而春气温暖，能使万物生长；夏气热气蒸腾，万物能够成长；秋气肃杀萧瑟，万物得以收获；冬气闭敛收藏，万物都会死亡。

一呼一吸，不得分毫有余，不得分毫不足，不得连呼，不得连吸，不得一呼无吸，不得一吸无呼。此盈虚之自然也。

译文

一呼一吸，不能有一点多余，也不能有一点不足，不能连续呼气，也不能连续吸气，不能只呼气而不吸气，不能只吸气而不呼气。这是盈亏的自然法则。

水质也[①]，以万物为用[②]；火气也，以万物为体。及其化也，同归于无迹。水性徐，火性疾，故水之入物也，因火而疾。水有定气，火无定气，故火附刚则刚，附柔则柔，水则入柔不入刚也。阳不能藏，阴不能显。才有藏处，便是阳中之阴；才有显处，便是阴中之阳。水能实虚，火能虚实。

注释

①**质**：质体。②**用**：作用。

译文

水为质，以万物为其用；火为气，以万物为其体。到了变化之时，最终一同消逝无迹。水的本性徐缓，火的本性疾速，因而水浸入物体，因火而困顿不前。水有定气，火没有定气，因而火附着在刚健的东西上就显得刚健，附于柔和的东西上就显得柔和，水则只进入柔和的东西内而不进入刚健的东西内。阳气不能隐藏，阴气不能外显。可以隐藏，就是阳中之阴；可以显露，就是阴中之阳。水能将虚空填满，火能将实存烧光。

乾坤是毁的，故开辟后必有混沌，所以主宰。乾坤是不毁的，故混沌还成开辟。主宰者何？元气是已。元气亘万亿岁年[①]，终不磨灭，是形化气化之祖也。

注释

①**亘**：贯穿。

译文

乾坤是一种毁灭的力量，所以自从地球诞生后必然有混沌来主宰。乾坤是不可毁灭的，所以混沌之后还有新的诞生。主宰这一切的是什么呢？是元气而已。元气经历万亿年都不会消散，它是形化、气化的始祖。

天地全不张主，任阴阳；阴阳全不摆布，任自然。世之人趋避祈禳，徒自苦耳。其夺自然者惟至诚[①]。

注释

①**夺**：改变。**至诚**：指符合事物发展规律的诚心。

译文

天地自己并不起决定作用，任凭阴阳盈亏消长；阴阳也无固定方向，听凭自然的变化。世人的趋利避祸、求福禳灾都是白费力气、自讨苦吃。能够改变自然的只有符合事物发展规律的诚心。

天地发万物之气，到无外处止；收敛之气，到无内处止。不至而止者，非本气不足则客气相夺也。

译文

天地发育万物之气，扩散到无处扩散为止；收敛之气，聚结到无处聚结为止。没有达到这种地步的，不是由于本气不足就是由于受了外来之气的侵犯。

静生动长，动消静息，息则生，生则长，长则消，消则息。

译文

静生则动长，动停止则静也停息，息就会生，生就会长，长就会有消亡，消亡最后是停歇。

春夏后，看万物繁华造化，有多少淫巧，多少发挥，多少张大，元气安得不斫丧①？机缄安得不穷尽②？此所以虚损之极，成否塞③，成浑沌也。

注释

①**斫(zhuó)丧**：伤耗。②**机缄**：指推动事物动作的造化力量。③**否塞**：闭塞不通。

译文

纵观万物在春夏之后是多么繁华，造化有多么纤巧，有多少发挥，有多少扩张，元气怎么会不伤耗呢？机巧怎能不用尽呢？这就是事物虚损到极点，就会成为堵塞一片的混沌之气的原因所在。

形者气之橐囊也。气者形之线索也。无形则气无所凭藉以生，无气则形无所鼓舞以为生。形须臾不可无气，气无形，则万古依然在宇宙间也。

译文

形态是气的外在表现。气是形态的线索。没有形体，气就无所凭借以生长；没有气，形体就无所鼓舞而发展。形体一时一刻也不能没有气，气没有形态，则万古常处宇宙混沌之中。

要知道雷、霆、霜、雪，都是太和。

译文

需要认识到的是，雷、霆、霜、雪都是阴阳冲汇和合的元气。

天地万物，只是一个渐，故能成，故能久。所以成物悠者，渐之象也。久者渐之积也。天地万物不能顿也，而况于人乎？故悟能顿，成不能顿。

译文

天地万物，都是渐渐形成的，因而能够形成，也能持久。所以事物形成时悠长深远，是渐进的表现。持久是逐渐积累的结果。天地万物不能够停顿，何况人类呢？因此醒悟能够停顿，生成不能够停顿。

盛德莫如地，万物于地，恶道无以加矣。听其所为，而莫之憾也；负荷生成，而莫之厌也。故君子卑法地，乐莫大焉。

译文

盛德没有比地更盈满的，万物生于地上，罪恶的东西无法加于其上。听任万物自由生长，而不怨恨它们；负载万物任其生成，而不厌恶它们。因而君子谦卑地向地学习，没有比这更快乐的了。

日正午，月正圆，一呼吸间耳。呼吸之前未午未圆，呼吸之后午过圆过。善观中者，此亦足观矣。

译文

日当正午，月当正圆，是瞬息之间所成的事。呼吸之前还没有到正午，或是月亮没有圆；呼吸之后，已过了正午，或是月亮已经圆过。善于观察其中奥妙的，足以观察其细。

中和之气，万物之所由以立命者也，故无所不宜。偏盛之气，万物之所由以盛衰者也，故有宜有不宜。

译文

中和之气，是万物之所以安身立命的根本，因而没有不适用的。偏盛之气，是万物之所以盛衰的根本，所以有的适宜，有的就不适宜。

以理言之，则当然者谓之天，命有德讨有罪，奉三尺无私是已；以命言之，则自然者谓之天，莫之为而为，莫之致而至，定于有生之初是已；以数言之，则偶然者谓之天。会逢其适，偶值其际是已。

译文

以道理而论，则理所应当的事叫作天，就如同让有德行的人讨伐有罪孽的人，是要以无私的态度去做的；以命运而论，则自然的事叫作天，没有行动而动，没有招呼它，它就来了，是有生之初就决定的；以劫数来说，就是偶然的事叫作天，这是偶然遇到它来，偶然有这样的际遇罢了。

火性发扬，水性流动，木性条畅，金性坚刚，土性重厚，其生物也亦然。

译文

火的特征是发扬向上，水的特性是流动不羁，木的特性是直达通畅，金的特性是坚硬刚直，土的特性是稳重深厚，由金、木、水、火、土组成的万物的特性也是如此。

太和在我，则天地在我，何动不臧，何往不得？

译文

当阴阳冲合的元素集于己身，则天地也会集于己身，有什么不能够向好的方面转变呢？有什么需求不能得到呢？

万物发生，皆是流于既溢之余；万物收敛，皆是劳于既极之后。天地一岁一呼吸，而万物随之。

译文

世界上万物的产生，都是因为溢满的原因；万物的消失、损耗都是因为极度疲劳的原因。天地一年呼吸一次，而万物也随之这样做。

天欲大小人之恶，必使其恶常得志。彼小人者，惟恐其恶之不遂也，故贪天祸以至于亡。

译文

天欲加大小人的罪恶，必然会使罪恶之人常常得志。那些小人恐怕他们的恶行不能实现，所以贪天之祸以至于丧生亡命。

自然谓之天，当然谓之天，不得不然谓之天。阳亢必旱，久旱必阴，久阴必雨，久雨必晴，此之谓自然。君尊臣卑，父坐子立，夫唱妇随，兄友弟恭，此之谓当然。小役大，弱役强，贫役富，贱役贵，此之谓不得不然。

译文

自然被称作天，当然被称作天，不得不然被称为天。阳气盛到极点必然要干旱，干旱的时间太长就会阴，阴天的时间长了必然要下雨，下雨的时间长了必然会天晴，这就叫作自然。君主尊贵而臣子卑微，父亲坐着的时候儿子站立在一旁，夫唱妇随，哥哥友爱、弟弟恭敬，这就叫作当然。小的被大的奴役，弱的被强的奴役，贫的被富的奴役，低贱的被尊贵的奴役，这叫作不得不然。

心就是天，欺心便是欺天，事心便是事天，更不须向苍苍上面讨。

译文

心就是天，欺骗自己的心就是欺骗上天，对得起自己的心就是对得起上天，根本不用不断向上天祈祷。

天者未定之命，命者已定之天。天者大家之命，命者各物之天。命定而吉凶祸福随之也，由不得天，天亦再不照管。

译文

天是没有确定的命运，命运是已经确定的天。天是大家的命运，命运是万物的天。命运既定，吉凶祸福就随之而确定，不由天支配，天也不再关照管理。

天地万物只是一气聚散，更无别个。形者，气所附以为凝结；气者，形体托以为运动。无气则形不存，无形则气不住。

译文

天地万物只是由气的聚、散而生成的，除此之外没有其他的原因。所谓形，是气附着而聚结所成的；所谓气，就是形所依托来运动的本原。所以，没有气，形体就不存在；没有形体，气就不会停下来。

吾人浑是一天，故日用起居食息，念念时时事事便当以天自处。

译文

人类浑然便是一天，所以在日用起居、饮食休息，想的时时事事便应当以天自处。

有在天之天，有在人之天。有在天之先天，太极是已[1]。有在天之后天，阴阳五行是已。有在人之先天，元气元理是已。有在人之后天，血气心知是已。

注释

①**太极**：指混沌未分之状。

译文

有取决于天的天，也有取决于人的天。有取决于天的先天，即太极。也有取决于天的后天，即阴阳五行。有取决于人的先天，即元气、元理。也有取决于人的后天，即人类的思想。

世　运

势之所在，天地圣人不能违也。势来时即摧之未必遽坏，势去时即挽之未必能回。然而圣人每与势忤，而不肯甘心从之者，人事宜然也。

译文

大自然的趋势，即便是天地圣人也无法违背。这趋势到来的时候即使想方设法破坏也未必能马上损坏它；这趋势离去的时候即使全力挽回，也未必能使其逆转。然而圣人们每每与势相对抗而不愿顺从它，这是人事应该做的。

世人贱老，而圣王尊之；世人弃愚，而君子取之；世人耻贫，而高士清之；世人厌淡，而智者味之；世人恶冷，而幽人宝之；世人薄素，而有道者尚之。悲夫！世之人难与言矣。

译文

世俗之人轻视老年人，可是圣人帝王却尊重他们；世俗之人嫌弃愚笨的人，可是君子接受他们；世俗之人以贫穷为耻辱，可是品德高尚的人认为贫穷是清高的；世俗之人厌恶淡味，可是有智慧的人喜欢淡味；世俗之人厌恶冷清，可是喜欢幽静的人却珍惜它；世俗之人鄙薄平常的东西，可是有道的人却崇尚它。可悲啊！真是难与世俗之人共语啊。

坏世教者，不是宦官宫妾，不是农工商贾，不是衙门市井，不是夷狄。

译文

败坏世道的，不是宦官、宫妾，不是农民、工人和商人，不是衙门、市民，不是东方和北方的少数民族。

世界一般是唐虞时世界，黎民一般是唐虞时黎民，而治不古若，非气化之罪也。终极与始接，困极与亨接[1]。三皇是道德世界，五帝是仁义世界，三王是礼义世界，春秋是威力世界，战国是智巧世界，汉以后是势利世界。

三皇五帝

“三皇五帝”的叫法，历史上就一直争论不休。直至《尚书·序》以伏羲、神农、黄帝为三皇，以少昊、颛顼、帝喾、尧、舜为五帝，《尚书》以其经书地位之尊，以后史籍皆承用此说。于是这一“三皇五帝”之说被奉为古代的信史。

注释

①亨：通。

译文

世界还是和唐尧、虞舜时一样的世界，百姓还是和唐尧、虞舜时一样的百姓，而治理和古代不一样，并非是自然气化的罪过。终结到了极点，就会与起始相接，困顿到了极点就会与亨通相连。三皇时是道德世界，五帝时代是仁义世界，三王时是礼仪世界，春秋时是威力世界，战国时是智巧世界，汉代以后是势利世界。

士鲜衣美食，浮谈怪说，玩日愒时①，而以农工为村鄙。女傅粉花，冶容学态，袖手乐游，而以勤俭为羞辱。官盛从丰供，繁文缛节，逐世态，而以教养为迂腐。世道可为伤心矣！

注释

①**愒时**：旷废时日。

译文

读书人穿鲜艳的衣服，吃美味的食物，高谈阔论，日日游玩，虚度时光，而认为农、工整日劳作是鄙陋的。女子涂粉带花，搔首弄姿，袖手游乐，而把勤俭持家视为羞辱。当官的前呼后拥，俸禄丰厚，讲究繁文缛节，随波逐流，把教化修养当成迂腐顽固。这样的世道太令人伤心了！

世之衰也，卑幼贱微，气高志肆而无上，子弟不知有父母，妇不知有舅姑，后进不知有先达，士民不知有官师，郎署不知有公卿，偏裨军士不知有主帅。目空空而气勃勃，耻于分义而敢于凌驾。呜呼！世道至此，未有不乱不亡者也。

译文

世道衰微的时候，卑贱的、幼小的、低微的人趾高气扬而目无尊长，子弟不知尊重父母，媳妇不知尊重公婆，后辈不知尊重先贤，读书人不知尊重老师，百姓不知尊重官员，郎署不知尊重公卿，副将不知尊重主帅。目中无人而且气焰嚣张，以按礼行事为耻辱，并有凌驾于尊长之上的野心。唉！世道到了这个份上，没有不动乱不衰亡的。

天下之势，顿可为也，渐不可为也。顿之来也骤，骤多无根，渐之来也深，深则难撼。顿着力在终，渐着力在始。

译文

天下的发展趋势，突然出现问题时还可以有所作为，若是渐渐败落的就没有办法了。突然出现的问题来得急速，却大多没有太深的根茎；渐渐来的问题根基深厚，则难以撼动。突然出现的问题着力在结果，渐渐来的问题着力在开始。

造物有涯而人情无涯，以有涯足无涯，势必争。故人人知足，则天下有余。造物有定而人心无定，以无定撼有定，势必败。故人人安分，则天下无事。

译文

世界有限制，而人的欲念却没有限制，以有限的东西去应对人的无限的欲念，必然会引起争端。所以倘若人人都知足常乐，天下就会显得充裕。世界是有定力的，而人心是无定力的，以没有定力的人心去撼动有定力的世界，结果必然是失败。所以人人都安分，天下才能太平无事。

圣　贤

孔、颜穷居[①]，不害其为仁覆天下，何则？仁覆天下之具在我，而仁覆天下之心未尝一日忘也。

注释

①**孔**：孔子。**颜**：颜渊。**穷居**：贫困，不显达。

译文

孔子、颜渊生活穷困，但这并不影响他们施仁爱于天下，为什么呢？因为施行仁爱的条件在于自身，而施行仁爱之心则时刻铭记不忘。

圣人不落气质，贤人不浑厚便直方，便着了气质色相[①]；圣人不带风土，贤人生燕、赵则慷慨，生吴、越则宽柔，就染了风土气习。性之圣人[②]，只是个与理相忘，与道为体，不待思惟，横行直撞，恰与时中吻合[③]。反之，圣人常常小心，循规蹈矩，前望后顾，才执得中字，稍放松便有过不及之差。是以希圣君子心上无一时任情恣意处。

注释

①**色相**：佛教用语。佛教主万物皆空。这里指人或物一时显现于外的形式。②**性之圣人**：指先天就具有至善之性的圣人。③**时中**：指行事时时与中道相符合。

译文

圣人并不因气质而异，贤人则会有不同的气质，不是浑厚，就是直方，这就是沾染了气质的色相；圣人不带风俗习气，贤人生于燕、赵则慷慨悲歌，生于吴、越则宽厚温柔，这就是沾染了风土习气。天生的圣人是忘记了天理，却与道融为一体，用不着思维行动却时时与中道相符合的人。后天修养成的圣人，是常常小心谨慎，循规蹈矩，前望后顾，才能符合中道，稍有放松又会犯错误的人。因此，想成为圣人的人心中一刻也不要放松对自己的管束。

圣人一，圣人全[①]，一则独诣其极，全则各臻其妙。惜哉！至人有圣人之功，而无圣人之全者，囿于见也。

注释

①**圣人全**：指圣人德全。

译文

圣人专一，圣人德全，专一则有登峰造极的独到造诣之处，全面则取类万象而臻其精妙。可惜啊！至人能达到圣人的专一，却没有圣人全面，这是被成见所限制的。

所贵乎刚者，贵其能胜己也，非以其能胜人也。子路不胜其好勇之私，是为"勇"字所伏，终不成个刚者。圣门称刚者谁？吾以为恂恂之颜子[①]，其次鲁钝之曾子而已，余无闻也。

注释

①**恂恂**：信实恭顺的样子。

译文

可贵的是刚正的品质，可贵之处在于其能够战胜自己，而不是能够战胜他人。子路不能克服自己好勇的缺点，这就被"勇"所屈服，最终也未能成为刚者。圣人门下能称为刚者的是谁呢？我认为首推信实恭顺的颜渊，其次是笨拙迟钝的曾参，其他的就没听说了。

圣人之道不奇，才奇便是贤者。

译文

圣人所讲的道理并没有奇特之处，有奇特才能的便是贤人了。

圣贤养得天所赋之理完，仙家养得天所赋之气完。然出阳脱壳，仙家未尝不死，特留得此气常存。性尽道全，圣贤未尝不死，只是为此理常存。若修短存亡[①]，则又系乎气质之厚薄，圣贤不计也。

注释

①**修短**：长短，指寿命的长短。

译文

圣贤修养天所赋予的道理，仙家修养天所赋予的气数。然而阳气脱离身体，仙家也不能不死，只留下气长存。性尽道全，圣贤也不能不死，只留下道理长存。至于说寿命的长短、生死存亡，又在于气质的厚薄，圣贤不把这些放在心上。

尧、舜功业如此之大，道德如此之全，孔子称赞不啻口出。在尧、舜心上有多少缺然不满足处。道原体不尽，心原趁不满，势分不可强，力量不可勉，圣人怎放得下？是以圣人身囿于势分、力量之中，心长于势分、力量之外，才觉足了，便不是尧、舜。

译文

尧、舜的功业如此之大，道德如此全面，孔子对他们的赞赏不绝于口。但在尧、舜的心中对自己的行为还有不少不满意之处。道原本是体会不尽的，心原本也是不会满足的，有时形势不允许，有时力量不足，圣人怎么放得下呢？因此圣人只能身处情势力量之中，而心向往情势、力量之外，才觉得满足，这也就不是尧、舜了。

伊尹看天下人，无一个不是可怜的，伯夷看天下人，无一个不是可恶的，柳下惠看天下人，无一个不是可与的。

译文

在伊尹眼中，天下人没有一人不是可怜的；在伯夷眼中，世上的人没有一人不是可恶的；在柳下惠眼中，世上的人没有一个是不可以教化的。

圣学专责人事，专言实理。

译文

圣学专门负责人事，专门讲述实际的道理。

二女试舜，所谓书不可尽信也。且莫说玄德升闻，四岳共荐，以圣人遇圣人，一见而人品可定，一语而心理相符，又何须试？即帝艰知人，还须一试，假若舜不能谐二女，将若之何？是尧轻视骨肉，而以二女为市货也，有是哉？

译文

从二女试舜的传说中可知书不可尽信。且不说舜的美好品德尧早已知道，天下共同推荐，只说圣人遇到圣人，一见面就会彼此知道对方的人品，一说话便会心心相通，又何须靠二女来做试验呢？即使尧不善于知人，还需试验的话，但如果舜不能与二女和睦相处又该怎么办呢？是尧轻视骨肉，把自己的两个女儿当成商品了，有这样的事吗？

自古功业，惟孔、孟最大且久。时雍风动，今日百姓，也没受用处，赖孔孟与之发挥，而尧、舜之业，至今在。

译文

自古以来，只有孔子、孟子所建立的功业最大且最持久。时代在变化，今日的百姓没有受用之处，全依靠孔子、孟子的发挥，从而使得尧、舜的业绩，至今仍然存在。

尧、舜、周、孔之道，如九达之衢，无所不通；如代明之日月，无所不照。其余有所明必有所昏，夷、尹、柳下惠昏于清、任、和，佛氏昏于寂，老氏昏于啬，杨氏昏于义，墨氏昏于仁，管、商昏于法。其心有所向也，譬之鹘鸼知南；其心有所厌也，譬之盍旦恶夜。岂不纯然成一家人物？竟是偏气。

译文

尧、舜、周、孔之道如同四通八达的大路，无所不通；如同世代光明的日月，无所不照。其余的人有明的地方也必定有昏暗的地方，伯夷、伊尹、柳下惠昏于清、任、和，佛氏昏于寂，老子昏于啬，杨朱昏于义，墨子昏于仁，管仲、商鞅昏于法。其心有一定的方向，比如鹘鸼知南；其心有所厌烦，比如盍旦鸟憎恶夜晚一样。他们难道不是纯粹代表一家的人物吗？照我看，只是偏气。

尧、舜、禹、文、周、孔，振古圣人，无一毫偏倚。然五行所钟，各有所厚，毕竟各人有各人气质。尧敦大之气多，舜精明之气多，禹收敛之气多，文王柔嘉之气多，周公文为之气多，孔子庄严之气多，熟读经史自见。若说天纵圣人，如太和元气流行，略不沾着一些四时之气，纯是德性用事，不落一毫气质，则六圣人须索一个气象，无毫发不同方是。

译文

尧、舜、禹、周文王、周公、孔子，这些自古以来的圣人，没有一点偏倚。只是五行集中不一，各自有各自的性格和气质。尧敦大的气多，舜精明的气多，禹收敛的气多，周文王柔嘉的气多，周公文为的气多，孔子庄严的气多，熟读经史，自己便会看得出来。如果说天纵圣人，如同太和元气流行，不沾一点四季之气，纯粹是根据德行来行事，不带一点气质之性，那六位圣人应该是一个样子而没有丝毫的不同之处才对。

费宰之辞，长府之止，看闵子议论，全是一个机轴，便见他和悦而诤。处人论事之法，莫妙于闵子，天生的一段中平之气。

译文

辞费宰之职，止长府之为，从中可见闵子的议论全是出自一个中心，就是以和悦的态度达到规劝之目的。处人论事的方法，没有比闵子更巧妙的了，是天生的一股中正平和之气。

程颢

程颢（hào），字伯淳，人称明道先生，宋代大儒，理学家、教育家，封"先贤"。与程颐为同胞兄弟，世称"二程"。"二程"早年受学于理学创始人周敦颐，宋神宗赵顼时，程颢与程颐一起创立了"天理"学说。程颢曾说过："吾学虽有所受，'天理'二字却是自家体贴出来。""理"因此成为"二程"哲学的核心，宋明理学也就从此得名。

圣人妙处在转移人不觉，贤者以下便露圭角，费声色，做出来只见张皇。

译文

圣人的高明之处在于潜移默化，而贤者以下就没有那么深的造诣，总是锋芒毕露，显于声色，其行事也显得不够稳重。

明道答安石①，能使愧屈，伊川答子由，遂激成三党，可以观二公所得。

注释

①**明道**：程颢的号。**安石**：王安石。

译文

程颢回答王安石的话能使其惭愧折服，程颐回答苏辙的话却导致分裂，由此可看出两人的得失。

休作世上另一种人，形一世之短。圣人也只是与人一般，才使人觉异样，便不是圣人。

译文

不要拿腔作势地装作另类，想以此来彰显世人的短浅。圣人和其他人也没什么不同，若让人觉得其与众不同，便不是圣人了。

平生不作圆软态，此是丈夫。能软而不失刚方之气，此是大丈夫。圣、贤之所以分也。

译文

平生没有软弱、圆滑之态，就是男子汉。既能柔软又不失刚直方正，这就是大丈夫。圣人和贤人以此来区别。

圣人于万事也，以无定体为定体，以无定用为定用，以无定见为定见，以无定守为定守。贤人有定体，有定用，有定见，有定守。故圣人为从心所欲，贤人为立身行己，自有法度。

译文

圣人对于所有的事物，以没有既定的体制为既定的体制，以没有既定的方法作为既定的方法，以没有既定的见解作为既定的见解，以没有既定的操守作为既定的操守。贤人却事事都有固定原则、方法、见解和操守。因此，圣人可以随心所欲，贤人则立身行己，自有法度。

圣贤之私书，可与天下人见；密事，可与天下人知；不意之言①，可与天下人闻；暗室之中，可与天下人窥。

注释

①**不意之言**：不经意说出的话。

译文

圣贤之人的私人信件，可以公之于众；他们的秘密隐私，也可以让别人知道；不经意说出的话，也可以让天下人听；在居室内的举止，完全可以随人进出观看。

好问好察时，着一我字不得，此之谓能忘。执两端时，着一人字不得，此之谓能定。欲见之施行，略无人己之嫌，此之谓能化。

译文

在研究学问时，不带丝毫偏见，这叫作能忘。在遇到两种观点互相冲突时，不轻易判断，这叫作能定。在学以致用时，不把自己和别人完全区分开，就叫作能化。

无过之外，更无圣人。无病之外，更无好人。贤智者于无过之外求奇，此道之贼也。积爱所移，虽至恶不能怒，狃于爱故也；积恶所习，虽至感莫能回，狃于恶故也。惟圣人之用情不狃①。圣人有功于天地，只是人事二字。其尽人事也，不言天命，非不知回天无力，人事当然，成败不暇计也。

注释

①狃：习惯。

译文

若完全没有过失，也就没有圣人。若完全没有疾病，也就没有健康的好人。贤人智人追求完全没有过失，这是学道的大忌。时刻积养仁爱之心移动了性情，虽然极为厌恶也不会发怒，这是习惯于仁爱的缘故；邪恶积累成习惯，即使深切感触也不能改正，这是习惯于邪恶的缘故。只有圣人在用情时不会受习惯的影响。圣人对天地有功劳，只在于人事方面。他们只是尽到人事，并不谈天命，不是不知道无回天之力，人事方面理应如此，不必过于计较成败。

君子立身行己，自有法度，此有道之言也。但法度自尧、舜、禹、汤、文、武、周、孔以来，只有一个，譬如律令一般，天下古今所共守者。若家自为律，人自为令，则为伯夷、伊尹、柳下惠之法度。故以道为法度者，时中之圣；以气质为法度者，一偏之圣。

译文

君子立身行事，各自都有法度，这是很有道理的话。但法度自尧、舜、禹、汤、周文王、周武王、周公、孔子以来只有一个，就好像法令条文一样，是天下古今共同遵守的东西。如果每一家自订法律，每个人自有法令，这就是伯夷、伊尹、柳下惠之类人的法度了。因此以客观规律为法度的，是中正的贤人；以各自的观念为法度的，就是偏颇的圣人。

圣人与众人一般，只是尽得众人的道理，其不同者，乃众人自异于圣人也。天道以无常为常，以无为为为。圣人以无心为心，以无事为事。万物之情，各求自遂者也。惟圣人之心，则欲遂万物而忘自遂。

译文

圣人与众人一样，只是圣人懂得众人所有的道理，所不同，在于众人自己把圣人看得不同寻常。天道以没有常规作为一定的常规，以无为作为为。圣人以没有思虑作为自然的思虑，以没有限定的事情作为从事的事情。万事万物都希望自己的要求得以实现。只有圣人之心，希望万物顺遂而忘却了自己顺遂。

圣人低昂气化，挽回事势，如调剂气血，损其侈不益其强，补其虚不甚其弱，要归于平而已。不平则偏，偏则病，大偏则大病，小偏则小病。圣人虽欲不平，不可得也。圣人绝四，不惟纤尘微障无处着脚，即万理亦无作用处，所谓顺万事而无情也。圣人胸中万理浑然，寂时则如悬衡鉴①，感之则若决江河，未有无故自发一善念，善念之发，胸中不纯善之故也。故惟有旦昼之梏亡，然后有夜气之清明②，圣人无时不夜气，是以胸中无无，故自见光景。

注释

①**衡鉴**：衡器和镜子。②**夜气**：指清明之气。

译文

圣人吐纳含修，挽回事势，正如调剂气血，损其侈不益其强，补其虚不甚其弱，只要求归于平和罢了。不平就会偏，偏就会生病，大偏则大病，小偏则小病。圣人即使想要不平，也不可能。圣人杜绝了四种毛病，即不凭空猜测、不绝对肯定、不拘泥固执、不唯我独是，这样不仅纤尘微障无处落脚，即使万理也不起作用，这就是所谓的顺应万事而无感情因素。圣人胸中，万理都浑然一体，寂静的时候，如同衡器和镜子悬挂在高处，感动时则如江河决水，绝不会无缘无故产生一个善念，产生了仁善的念头，是心中并没有达到真正仁善境界的缘故。所以先要有白昼的寂无，然后才能有夜气的清明。圣人没有任何时候不处于夜气清明的状态，所以心中没有一点空缺，自然能看清各种事物。

法令所行，可以使土偶奔趋①；惠泽所浸，可以使枯木萌蘖；教化所孚②，可以使鸟兽伏驯；精神所极，可以使鬼神感格③。吾必以为圣人矣。圣人不强人以太难，只是拨转他一点自然的肯心。

注 释

①**土偶奔趋**：形容法令作用之大。土偶，以土制作的偶人。②**孚**：教化。③**感格**：感通。

译 文

法令的实行，可以使泥偶走动；惠泽所浸，可以使枯木发芽；道德教化，可以使鸟兽驯服；精神真挚，可以使鬼神感化。我认为这样就达到了圣人的境界。圣人从不强人所难，只是启发他多一点自觉之心。

参赞化育的圣人，虽在人类中，其实是个活天，吾尝谓之人天。孔子只是一个通，通外更无孔子。

译 文

参赞教化的圣人，虽然也是人，而其所起的作用却超出了人类的范畴，好像一个活着的天，我曾把这个叫作“人天”。孔子只是把万物事理讲得透彻，除此之外，就不会有孔子。

圣人不随气运走[①]，不随风俗走，不随气质走。圣人平天下，不是夷山填海，高一寸还他一寸，低一分还他一分。

注 释

①**气运**：指气数和命运。

译 文

圣人不随气运走，不随风俗走，也不跟随个人的气质喜好走。圣人平定天下，并不是移山填海，而是高一寸就减去一寸，低一分就加上一分。

“圣而不可知之之谓神。”不可知，可知之祖也。无不可知，做可知不出；无可知，则不可知何所附属？

译 文

“全知之明，其道不可得知，这就是神人。”不可知是可知的前提。没有不可知，就不可能有可知；没有可知，那不可知又依附在什么地方呢？

圣人心上再无分毫不自在处。内省不疚，既无忧惧，外至之患，又不怨尤。只是一段不释然，却是畏天命，悲人穷也。

译文

圣人心上没有丝毫不自在的地方。反省时不内疚，也无所忧虑，也不去埋怨责怪外在的祸患。只有一点不能释怀的地方，那就是怕有背天理，为世人悲哀。

物之入物者染物，入于物者染于物。惟圣人无所入，万物亦不得而入之。惟无所入，故无所不入，惟不为物入，故物亦不得而离之。

译文

一种物进入另一种物中，就会沾染另一种物，进入物的也会被另一种物沾染。只有圣人不进入任何事物，也不会被任何事物进入。只有无的入，才能无所不入，只有不被物入，所以物也不能离开。

人于吃饭穿衣，不曾说我当然不得不然，至于五常百行，却说是当然不得不然，又竟不能然。

译文

人对于吃饭穿衣之类的事，从不说我当然不得不这样，但对于仁义礼智信这样的纲常德行和各种行为，却说当然不得不这样做，却又不能做到。

孔子七十而后从心，六十九岁未敢从也。众人一生只是从心，从心安得好？圣学战战兢兢，只是降伏一个从字，不曰戒慎恐惧，则曰忧勤惕励，防其从也。岂无乐时？乐也只是乐天。众人之乐，则异是矣，任意若不离道，圣贤性不与人殊，何苦若此？

译文

孔子七十岁以后才能做到随心所欲，六十九岁还不能做到这一点。普通人一生只是随心所欲，只是“从心”而行怎么能学好呢？圣人学问战战兢兢，只是为了克服一个“从”字，不说要戒慎恐惧，就说要忧勤惕励，这些都是为了防止随心所欲。难道没有快乐的时候？乐也只是乐天知命。众人的欢乐却不是这样，任意如果不偏离正道，圣、贤没有与人不同的地方，又何苦这样修养克制呢？

日之于万形也，鉴之于万象也，风之于万籁也，尺度权衡之于轻重长短也，圣人之于万事万物也，因其本然，付之自然，分毫我无所与焉。然后感者常平，应者常逸，喜亦天，怒亦天，而吾心之天如故也。万感劻勷①，众动轇轕②，而吾心之天如故也。

注释

①**劻勷**：急迫不安的样子。②**轇轇**：纵横交错的样子。

译文

日光对于各种形体，镜子对于各种景象，风对于各种声音，尺度权衡对于轻重长短，圣人对于万事万物，都依其本性，顺其自然，丝毫没有个人因素的介入。然后有所感触的常常平静，有所顺应的常常安逸，喜怒皆出于自然，而自己的心也出于自然。百感交集，世态纷繁，而自己的心境如故。

平生无一事可瞒人，此是大快乐。

译文

平生没有什么事需要隐瞒他人的，这便是最大的快乐。

尧、舜虽是生知安行，然尧、舜自有尧、舜工夫学问。但聪明睿智千百众人，岂能不资见闻，不待思索？朱文公云：圣人生知安行，更无积累之渐。圣人有圣人的积累，岂儒者所能测识哉！

译文

帝尧、帝舜虽是生而知之、安而行之的圣人，然而尧、舜自然有他们各自的修养和学问。其聪明睿智超过普通百姓千百倍，岂是可以不凭见闻、不经思索就可获得的？朱熹说："圣人生而知之，安而行之，不需要逐渐的积累。"实际上，圣人自有圣人的积累，这岂是儒者能够知道的？

圣人不矫①。圣人一无所昏。

注释

①**矫**：矫揉造作。

译文

圣人不会矫揉造作。圣人从不昏庸无能。

亘古五帝三王不散之精英，铸成一个孔子，余者犹成颜、曾以下诸贤，至思、孟，而天地纯粹之气，索然一空矣。春秋战国君臣之不肖也宜哉！后乎此者无圣人出焉，靳孔、孟诸贤之精英①，而未尽泄与。

注释

①靳：吝惜。

译文

自古以来，三皇五帝不散的精华铸成了一个孔子，其余的铸成颜回、曾参以下各位贤人，以至于子思、孟子，而天地间的纯粹之气便用之一空。春秋战国时代，君臣的不肖也是可以理解的了！后世便没有圣人出现，大概是由于吝惜孔子和孟子的精华之气，而不肯将其全部泄露给世人吧！

品　藻

独处看不破，忽处看不破，劳倦时看不破，急遽仓卒时看不破，惊忧骤感时看不破，重大独当时看不破，吾必以为圣人。

译文

如果一个人独处的时候经得起考验，悠闲自在的时候经得起考验，疲劳困倦的时候经得起考验，仓促慌乱的时候经得起考验，受到惊扰感到诧异的时候经得起考验，独担重任时经得起考验，我认为他一定是圣人。

圣人做出来都是德性，贤人做出来都是气质，众人做出来都是习俗，小人做出来都是私欲。

译文

圣人的行为都是根据其德行，贤人的行为都是根据其气质，众人的行为都是根据其习俗，小人的行为都是根据其私欲。

一种人难悦亦难事，只是度量褊狭，不失为君子。一种人易事亦易悦，这是贪污软弱，不失为小人。

译文

一种人难以取悦又难以共事，其只是心胸狭小，还不失为君子。一种人容易共事也容易取悦，这是贪婪软弱，不能不称之为小人。

为小人所荐者，辱也。为君子所弃者，耻也。

译文

被小人推荐是一种侮辱。被君子摒弃是一种羞耻。

士君子在尘世中，摆脱得开，不为所束缚；摆脱得净，不为所污蔑。此之谓天挺人豪。

译文

正人君子在世俗中能摆脱其影响而不受束缚；能够完全脱离世俗的烦扰而不受其污染。这样的人就可称为天下的豪杰。

达人落叶穷通，浮云生死；高士睥睨古今①，玩弄六合；圣人古今一息，万物一身；众人尘弃天真，腥集世味。

注释

①**睥睨**：斜视，看不起的样子。

译文

通达之人对待穷达、生死，就像对待落叶、浮云一样，任其自然；高尚的人通古博今，纵横天地四方；圣人一脉相承，集万物于一身；平庸的众人堕落凡尘而失其本性，品尝世俗各种烦心欲扰。

阳君子取祸，阴君子独免；阳小人取祸，阴小人得福。阳君子刚正直方，阴君子柔嘉温厚；阳小人暴戾放肆，阴小人奸回智巧。

译文

阳刚的君子易于遭受祸殃，阴柔的君子却能幸免；阳刚的小人容易自取其祸，阴柔的小人却能得福。阳刚的君子正直刚强，阴柔的君子温厚沉稳；阳刚的小人暴戾放肆，阴柔的小人奸诈狡猾。

古今士率有三品：上士不好名，中士好名，下士不知好名。上士重道德，中士重功名，下士重辞章，斗筲之人重富贵。

译文

古往今来的读书人大致有三等，上等的不追求名利，中等的追求名利，下等的无所作为。上等的读书人注重道德，中等的注重功名，下等的注重文章，见识浅薄的人只注重富贵。

有俗检，有礼检，有通达，有放达。君子通达于礼检之中，骚士放达于俗检之外。世之无识者，专以小节细行定人品，大可笑也。

译文

有世俗规定的自我约束，也有礼仪的自我约束，有贯通的明达，也有放任的明达。君子通达在礼节的自我约束之中，风雅文士放达在世俗规定的自我约束之外。世上没有见识的人专门以小节细行定人品，太可笑了。

上才为而不为，中才只见有为，下才一无所为。

译文

最有才能的人知道应该做而不去做，有一些才能的人只知道该做的是什么，而没有真才实学的人无所作为。

心术平易，制行诚直，语言疏爽，文章明达，其人必君子也。心术微暧，制行诡秘，语言吞吐，文章晦涩，其人亦可知矣。

译文

性情温厚平易，行事诚实耿直，言辞简明爽快，文章明了通达，这样的人一定是君子。心术昏暗暧昧，行事狡诡神秘，言辞吞吞吐吐，文章晦涩难懂，这样的人其品格就可想而知了。

有过不害为君子，无过可指的，真则圣人，伪则大奸，非乡愿之媚世[①]，则小人之欺世也。

注释

①**乡愿**：外似谨顺，实则同流合污。

译文

有过失也不妨碍其成为君子，没有过失可以指责的，真正无过就是圣人，伪装的便是大奸，不是乡愿取媚社会，就是欺骗了社会。

从欲则如附膻，见道则若嚼蜡，此下愚之极者也。

译文

顺从自己的欲望就像附着膻腥，看见道就像嚼蜡一般无味，这是下愚中最差的人。

有涵养人心思极细，虽应仓卒，而胸中依然暇豫，自无粗疏之病。心粗便是学不济处。

译文

有涵养的人心思极其细密，即使应对的事情仓促，心中依然有空闲有条理，自然没有粗糙疏忽。粗心是学识不足的表现。

功业之士，清虚者以为粗才，不知尧、舜、禹、汤、皋、夔、稷、契功业乎？清虚乎？饱食暖衣，而工骚墨之事，话玄虚之理，谓勤政事者为俗吏，谓工农桑者为鄙夫，此敝化之民也，尧、舜之世无之。

译文

对于建功立业的人，清静无为的人以为这是粗鄙之才，不知尧、舜、禹、汤、皋、夔、稷、契是建功立业之人？还是清静无为之人呢？饱食暖衣终日无所事事，而善于舞文弄墨，谈论玄虚的高论，把勤勉政事的人说成庸俗的官吏，把农民说成鄙陋的匹夫，这是道德败坏的人，尧、舜的世代没有这样的人。

观人括以五品：高、正、杂、庸、下。独行奇识曰高品，贤智者流。择中有执曰正品[①]，圣贤者流。有善有过曰杂品，劝惩可用。无短无长曰庸品，无益世用。邪伪二种曰下品，慎无用之。

注释

①**择中有执**：选中道而执持之。

译文

品评一个人可以概括为五类：高、正、杂、庸、下。独行有奇识的人称为高品，这是贤智者一类的人物。严格合乎中道的人叫作正品，是圣贤一类的人物。有善亦有过的人称为杂品，对这样的人，劝其善而惩其恶，可有用处。有的是没有特长也没有什么大的不足之处的属于庸品，这种人对人世间没有多大益处。这两种有的是行为不端正、道德败坏，有的是好弄虚作假欺骗成性，这两种属于下品，千万慎重不要使用他们。

气节信不过人，有出一时之感慨，则小人能为君子之事；有出于一念之剽窃，则小人能盗君子之名。亦有初念甚力，久而屈其雅操，当危能奋，安而丧其平生者，此皆不自涵养中来。若圣贤学问，至死更无破绽。

译文

气节不足以让人信服，有出于一时之感慨的，这时小人也可以做出君子才能做的事；有出于一念之剽窃的，这时小人能盗取君子的名声。也有开始时想法很好，也很尽心，日子长了就会松懈，在危难的时候能奋起，但在安逸的时候却不知不觉丧失了平生的大志，这都不是从涵养中养成的表现。倘若具有圣贤的学问，一生也不会露出丝毫破绽。

无根本的气节，如酒汉殴人，醉时勇，醒时索然无分毫气力。无学问的识见，如庖人炀灶[①]，面前明，背后左右无一些照顾，而无知者赏其一时，惑其一偏，每击节叹服，信以终身。吁！难言也。

注释

①**炀(yáng)灶**：在灶前烤火。炀，烘烤。

译文

没有根基的气概和节操，就像醉汉打人，醉时勇敢，醒时就索然无力了。没有学问的见识，像厨子烤火，眼前明亮闪耀，背后左右却漆黑一片，无知之人还赞赏他一时的行动，被他的偏见所迷惑，还击节叹服，信以为真，以为他终身如此。哎！真是难说。

见是贤者，就着意回护，虽有过差，都向好边替他想；见是不贤者，就着意搜索，虽有偏长，都向恶边替他想。自宋儒以来，率坐此失，大段都是个偏识见。所谓好而不知其恶，恶而不知其美者，惟圣人便无此失。只是此心虚平。

译文

看到贤者，就一心庇护，即使有过错，也一心往好处想；见到不贤之人，就吹毛求疵，虽然有长处，也往坏处想。自宋儒以来，大都犯这种毛病，大都心存偏见。说某人正确就是百分之一百的正确而没有一点过失，说某人不正确就是百分之一百的悖谬而没有一点正确的地方，只有圣人没有这样的偏见。因为圣人凡事皆虚心平易。

蕴藉之士深沉[①]，负荷之士弘重[②]，斡旋之士圆通[③]，康济之士精敏[④]。反是皆凡才也，即聪明辩博无补焉。

注释

①**蕴藉**：含蓄宽容。②**负荷**：背负重担，指肩负重任。③**斡旋**：调解。④**康济**：安民济众。

译文

性情蕴藉的人外表深沉，身有负荷的人弘毅庄重，善于斡旋的人圆通，慷慨济世的人精敏。除此之外都是才学普通的人，即使再聪明善辩也无用。

君子之交怕激，小人之交怕合。斯二者，祸人之国，其罪均也。

译文

君子相交怕冲动，小人相交怕苟合。这二者，害人祸国，罪责是一样的。

圣人把得定理，把不得定势。是非，理也；成败，势也。有势不可为而犹为之者，惟其理而已。知此，则三仁可与五臣比事功[①]，孔子可与尧、舜较政治。

注释

①三仁：指殷代的微子、箕子、比干。

译文

圣人能掌握理，却把持不住势。是非，是不变的真理；成败，是瞬间的时势。有势不可为而仍要为之的，只是合乎理而已。知道这一点，三位仁人微子、箕子、比干就可以与五位名臣禹、稷、契、皋陶、伯益比事功，孔子就可以与尧、舜比较政治的英明了。

未试于火，皆纯金也；未试于事，皆完人也。惟圣人无往而不可，下圣人一等皆有所不足，皆可试而败。夫三代而下人物，岂甚相远哉？生而所短不遇于所试，则全名定论，可以盖棺。不幸而偶试其所不足，则不免为累。夫试不试之间，不可以定人品也。故君子观人不待试，而人物高下终身事业不爽分毫，彼其神识自在世眼之外耳。

译文

没有经过烈火的检验，都可自称纯金；没有经过事情的考验，都可称为完人。只有圣人无往而不可，比圣人低一等的，都有不足之处，都可能在检验中失败。三代之后的人物难道久远吗？他们有的在活着的时候，短处未经检验而显明，保全名声而死。而有的碰巧被验证了，就不免为这件事所累。在应该验证而没有验证的时候，是不可以确定人的品质的。所以君子分析人的品质不用等待验证，就把人的高尚、卑下及终身事业评判得不差分毫，这种神识是超脱世俗眼光的。

世之颓波，明知其当变，狃于众皆为之而不敢动。事之义举，明知其当为，狃于众皆不为而不敢动，是亦众人而已。提抱之儿得一果饼，未敢辄食，母尝之而后入口，彼不知其可食与否也。既知之矣，犹以众人为行止，可愧也夫。惟英雄豪杰不徇习以居非，能违俗而任道，夫是之谓独复[1]。呜呼！此庸人智巧之士，所谓生事而好异者也。

注释

①**独复**：指独立而从道者。

译文

世道腐败，明明知道应该加以变革，见众人都那样便不敢去做。正当的行为，明明知道应该加以实行，见到众人都不以为然，便不敢去做，因此庸人到头来也不过是庸人而已。被抱着的小孩得到一个果饼，不敢马上吃，母亲尝了后才敢吃，因为他不知道这能不能吃。已经知道了，却还盲从众人，真让人羞愧。只有英雄豪杰不因循习见，因而遭人非议，能违背世俗而肩挑道义，这就叫作独复。唉！这就是被庸人智巧的人称作惹是生非和喜好异端的人。

士气不可无，傲气不可有。士气者，明于人己之分，守正而不诡随[1]。傲气者，昧于上下之等，好高而不素位。自处者，每以傲人为士气；观人者，每以士气为傲人。悲夫！故惟有士气者能谦己下人。彼傲人者，昏夜乞哀，或不可知矣。

注释

①**诡随**：放肆谲诈。

译文

人不可无士气，不可有傲气。士气，就是明确别人和自己的区分，持守正道而不放肆谲诈。傲气，就是不明白上下的等级，喜好高位而不愿居于常位。对待自己，常常误把傲视别人当作自己的士气；观察别人，又错把士气当成傲气。可悲啊！实际上唯独真正有士气的人能够谦虚谨慎。那些外表上傲气凌人者，说不定夜晚时去乞怜哀求于人，也未可知呢。

体解神昏，志消气沮，天下事不是这般人干的。攘臂抵掌，矢志奋心，天下事也不是这般人干的。干天下事者，智深勇沉，神闲气定，有所不言，言必当，有所不为，为必成，不自好而露才，不轻试以幸功，此真才也。世鲜识之。近世惟前二种人，乃互相讥，识者胥笑之[1]。

注释

①胥：皆。

译文

身体松懈，精神萎靡，志气消沉、沮丧，天下的大事不是这样的人可以做的。挽袖拍手，矢志奋心，天下的大事也不是这样的人能干的。干天下大事的人，智勇双全，气定神闲，有不谈论的事情，一旦谈论某事则正确得当，有不做的事情，一旦从事某事则必会成功，不自高自大、显山露水，不轻易为之以求侥幸成功，这是真才。世人很少认识到。近世只有前两种人，他们互相讥讽，明白的人都会觉得可笑。

山林处士常养一个傲慢轻人之象，常积一腹痛愤不平之气，此是大病痛。

译文

山林中的处士常常养成傲慢轻人的性格，常常蓄积一肚子痛愤不平的怨气，这是极为有害的。

好名之人充其心，父母兄弟妻子都顾不得，何者？名无两成，必相形而后显。叶人证父攘羊，陈仲子恶兄受鹅，周泽奏妻破戒，皆好名之心为之也。

译文

好名的人名利熏心，连父母兄弟妻子儿女都不顾，为什么呢？名不能双方都得到，必定是两相对比才能显现出来。叶人证明他的父亲偷了羊，陈仲子反对他的兄弟收受鹅，周泽启奏他的妻子干预他的斋戒，这都是有好名之心的表现。

世之人常把好事让与他人做，而甘居己于不肖，又要掠个好名儿在身上，而诋他人为不肖。悲夫！是益其不肖也。

译文

世人常把好事让给别人去做，自己却甘居不肖，却又要贪图好名声，因而诋毁别人不肖。可悲啊！这就更使他自己不肖了。

正直者必不忠厚，忠厚者必不正直。正直人植纲常扶世道，忠厚人养和平培根本。然而激天下之祸者，正直之人；养天下之祸者，忠厚之过也。此四字兼而有之，惟时中之圣。

译文

正直的人必定不忠厚，忠厚的人必定不正直。正直的人，扶植纲常，挽救世道；忠厚的人，养育和平，培植根本。然而引起天下大祸的，是正直的人；姑息天下大祸的，是忠厚的过失。兼有正直和忠厚的，只有时中之圣人而已。

露才是士君子大病痛，尤莫甚于饰才[①]。露者，不藏其所有也。饰者，虚剽其所无也。士有三不顾：行道济时人顾不得爱身，富贵利达人顾不得爱德，全身远害人顾不得爱天下。

注释

①**饰才**：装作有才的样子。

译文

显露才华是士君子的大病，粉饰才学就更加可恶。显露才华是不掩藏自己的所有。而伪饰则是妄称自己所没有的东西。士人有三不顾：坚持真理匡扶正义的人不能顾及自身的安危，追求富贵利达的人不能顾及道德品质，自私自利的人不能顾及天下大众。

其事难言而于心无愧者，宁灭其可知之迹，故君子为心受恶，太伯是已。情有所不忍，而义不得不然者，宁负大不韪之名。故君子为理受恶，周公是已。情有可矜，而法不可废者，宁自居于忍以伸法。故君子为法受恶，武侯是已。人皆为之，而我独不为，则掩其名以分谤。故君子为众受恶，宋子罕是已。

译文

事情难言而问心无愧的，宁愿消除掉让别人知道的痕迹，因而君子为了隐藏心事而身遭讥评，就像太伯一样。情有所不忍但于义却不得不为的，宁可担当大不是的名声。因而君子为保全理义而受误解，就像周公一样。情有可原但于法不容的，宁愿背负残忍之名而伸张法律。因而君子会为依法办事而受恶言，就像武侯一样。别人都随波逐流，而自己却不与之同流合污，掩藏自己的名声以分担诽谤之辞。所以君子可以为众人而受到非议，像宋国的子罕就是那样。

不欲为小人，不能为君子。毕竟作甚么人？曰：众人。既众人，当与众人伍矣，而列其身名于士大夫之林，可乎？故众人而有士大夫之行者荣，士大夫而为众人之行者辱。

译文

不想当小人，不能当君子。究竟是什么人？是众人。既然是众人，就应当与众人为伍，却置身于士大夫之列，可以吗？众人却有士大夫的品行是光荣的，士大夫却有众人的品行是耻辱的。

天之生人，虽下愚亦有一窍之明，听其自为用，而极致之，亦有可观，而不可谓之才。所谓才者，能为人用，可圆可方，能阴能阳，而不以己用者也。以己用皆偏才也。

译文

上天生人，即使是下愚也有一窍之明，听凭他自行运用，发挥到极致，也会有很大的效果，但不能称之为才能。所谓的才能，是指能为别人所用，可圆可方，能阴能阳，而不是为了自己所用。只图自己用的都是偏才。

心平气和而有强毅不可夺之力，秉公持正而有圆通不可拘之权，可以语人品矣。

译文

外表心平气和而内心却有强毅不可征服的力量，外表秉持公正而具有不被拘束的权变，可以谈论其人品了。

从容而不后事，急遽而不失容，脱略而不疏忽，简静而不凉薄，真率而不鄙俚，温润而不脂韦①，光明而不浅浮，沉静而不阴险，严毅而不苛刻，周匝而不烦碎②，权变而不谲诈，精明而不猜察，亦可以为成人矣。

注释

①**脂**：油脂。**韦**：软皮。比喻圆滑。②**周匝**：周密。

译文

从容不迫却不耽误事情，急遽却不大惊失色，洒脱却不疏忽，简单平静却不冷淡薄情，性情真率却不鄙俗，温润而不圆滑，光明而不浅浮，沉静而不阴险，严毅而不苛刻，周密而不烦琐，权变而不欺诈，精明而不妄测人心，具备这些品德也可以成为好人。

厚德之士能掩人过，盛德之士不令人有过。不令人有过者，体其不得已之心，知其必至之情，而预遂之者也。

译文

品德宽厚的人能掩饰别人的过错，品德高尚的人能使别人不犯错误。不让别人犯过错的，是体谅别人不得已的心情，认识到他不得不那样做的情况，而预先加以引导防止产生过失。

烈士死志，守士死职，任士死怨，忿士死斗，贪士死财，躁士死言。

译文

壮烈的人为志向而死，忠于职守的人为职守而死，放纵的人为怨恨而死，疾愤的人为争斗而死，贪婪的人为财物而死，浮躁的人为言语而死。

知其不可为而遂安之者，达人智士之见也；知其不可为而犹极力以图之者，忠臣孝子之心也。

译文

知道不可以那样去做就立即停止行动，是明达睿智之人的见识；知道不能够那样却极力图谋办成的，是忠臣孝子的用心。

初开口便是煞尾语，初下手便是尽头着，此人大无含蓄，大不济事，学者戒之。

译文

一说话就讲得不留一点余地，刚刚做事就做得没有挽回的可能，这样的人太不含蓄，太不成事，学者应引以为戒。

一个俗念头，一双俗眼目，一口俗话说，任教聪明才辩，可惜错活了一生。

译文

一个庸俗的念头，一双庸俗的眼睛，一口粗俗的话，即使聪明有才能，也白活一生。

狃浅识狭闻，执偏见曲说，守陋规俗套，斯人也若为乡里常人，不足轻重，若居高位有令名[①]，其坏世教不细。

注释

①令名：美名。

译文

局限于浅薄的知识和狭隘的见闻，固执偏见听信邪说，遵守陈陋的规矩和庸俗的套子，这样的人，如果是乡里常人，无足轻重，如果居高位而有美名，那么其对于败坏世道的作用却是巨大的。

以粗疏心，看古人亲切之语；以烦躁心，看古人静深之语；以浮泛心，看古人玄细之语；以浅狭心，看古人博洽之语，便加品骘[①]，真孟浪人也[②]。

注释

①**品骘**(zhì)：评定。②**孟浪**：轻率。

译文

用粗疏的心态，看待古人亲切的话语；用烦躁的心态，看待古人静深的话语；用浮泛的心态，看待古人玄细的话语；用浅狭的心态，看待古人博洽的话语，并妄加评判，真是鲁莽轻率的人。

平生无一人称誉，其人可知矣。平生无一人诋毁，其人亦可知矣。大如天，圣如孔子，未尝尽可人意。是人也，无分君子、小人皆感激之，是在天与圣人上，贤耶？不肖耶？我不可知矣。

译文

平生没有得到一个人的赞誉，这样的人其人品就可想而知了。平生没有受到一个人的诋毁，这样的人其人品也可想而知。大如天，圣如孔子，还是不能使所有的人都满意。有一个人，不分君子和小人都很感激，是在天与圣人之上了，这样的人是贤明？还是不肖呢？我不得而知。

寻行数墨是头巾见识，慎步矜趋是钗裙见识，大刀阔斧是丈夫见识，能方能圆、能大能小是圣人见识。

译文

咬文嚼字是浅薄的见识，谨慎小心是妇人之见，大刀阔斧是男子的见识，随机应变是圣人的见识。

春秋人计可否，畏礼义，惜体面。战国人只是计利害，机械变诈，苟谋成计得，顾甚体面，说甚羞耻。

译文

春秋时期的人计较是非，拘于礼义，爱惜体面。战国时期的人只计较利害，诡计多端，只要计谋得以实现，还顾什么体面，说什么羞耻。

太和中发出，金石可穿，何况民物有不孚格者乎[①]？

注释

①**孚格**：信通。

译文

从太和中发出来，连金石都可穿透，何况一般物体有不信通的吗？

无心者公，无我者明。当局之君子，不如旁观之众人者，有心有我之故也。君子豪杰，战兢惕励，当大事勇往直前；小人豪杰，放纵恣睢，拚一命横行直撞。

译文

没有私心的人公正，没有自我的人清明。当局者迷，旁观者清，是因为当局者怀有私心和自我意识的缘故。君子豪杰，平日战战兢兢，夕惕夕励，面对大事却能勇往直前；小人豪杰，平日放纵恣睢，遇到大事也只能拚命横冲直撞。

老子犹龙，不是尊美之辞，盖变化莫测，渊深不露之谓也。

译文

说老子像龙，不是尊美之辞，而是说他变化莫测，城府深而不露的比喻。

乐要知内外，圣贤之乐在心，故顺逆穷通[①]，随处皆泰；众人之乐在物，故山溪花鸟遇境才生。

注释

①**穷通**：贫困与显达。

译文

享乐要区分内外，圣贤的享乐在于内心，所以顺境、逆境、贫穷、通达，无论什么样的环境都泰然处之；众人的快乐在于外物，因而只有见到山溪花鸟这样的美景才感到快乐。

可恨读的是古人书，作的是俗人事。言语以不肖而多，若皆上智人，更不须一语。

译文

遗憾的是读的是古书，做的却是俗人之事。没有才能的人话就多，倘若都是大智大悟的人，一句话都不用说。

能用天下而不能用其身，君子惜之。善用其身者，善用天下者也。

译文

能够利用天下却不能利用自身的人，君子为之惋惜。善于利用自身的人，就善于利用天下。

粗豪人也自正气，但一向恁底便不可与入道[①]。

注释

①**恁底**：如此。

译文

粗豪之人也自有正气，但一向如此就很难进入道的境界。

学者不能徙义改过，非是不知，只是积慵久惯，自家由不得自家，便没一些指望。若真正格致了，便由不得自家，欲罢不能矣。

译文

学者不能改变自己的过错，不是不知道，只是长久以来懒散惯了，自己由不得自己，没有任何办法。如果真正严谨起来，也会不由自主，欲罢而不能了。

孔、孟以前人物，只是见大，见大便不拘挛。小家势人寻行数墨，使杀了只成就个狷者。

译文

孔子、孟子之前的人物，见识远大，见识远大就不会拘泥于小家子气。小家子气的人读书认死理，即使把自己的一点才学用光了也只是个狷狭的人。

卷 五

治 道

庙堂之上[①]，以养正气为先。海宇之内，以养元气为本。能使贤人君子无郁心之言，则正气培矣。能使群黎百姓无腹诽之语[②]，则元气固矣。此万世帝王保天下之要道也！

注 释

①**庙堂**：朝廷。②**腹诽**：口虽不语，心内非之。

译 文

在朝廷中，首先应该培养正气。于民间，应以颐养元气为根本。如果能做到使贤人君子没有闷在心里的话，正气就可得到培养。如果能做到使黎民百姓心中没有怨言，元气就坚固了。这是历代帝王治国的基本道理啊！

六合之内，有一事一物相凌夺假借，而不各居其正位，不成清世界；有匹夫匹妇冤抑愤懑，而不得其分愿，不成平世界。

译 文

天下如果有一事一物相互凌夺矛盾，偏离了自己的正当位置，便不是一个清静的世界了；即使有一个平民百姓心中愤懑不平，应分的愿望得不到满足，就难以成为太平世界。

天下万事万物，皆要求个实用。实用者，与吾身心关损益者也。凡一切不急之物，供耳目之玩好，皆非实用也。愚者甚至丧其实用以求无用。悲夫！是故明君治天下，必先尽革靡文，而严诛淫巧。

译 文

天下的东西，都要有实用。实用是指对我的身心有益。凡是一切不急需的东西，专供听或看的玩物都没有实用。愚蠢的人甚至放弃实用的东西而追求没用的东西。可悲呀！因此英明的君主治理天下，必然要首先革除那些伪饰虚文，严厉杜绝狡诈投机的行为。

当事者若执一簿书[①]，寻故事，循弊规，只用积年书手也得。兴利无太急，要左视右盼；革弊无太骤，要长虑却顾[②]。苟可以柔道理，不必悻直也[③]；苟可以无为理，不必多事也。

注释

①**簿书**：官署文书。②**却顾**：反顾。③**悻直**：固执，任性。

译文

如果执政者处理一件公文，只是寻找过去的惯例，沿袭弊陋的规章，只要经验丰富的书吏就行了。宣扬好的东西不要操之过急，要仔细考虑周围的情况；革除弊端也不能太猛，要从长计议。假如可以用“柔”来治理，就不必太刚直；假如可以用“无”来治理，就不必太多事。

为政之道，以不扰为安，以不取为与，以不害为利，以行所无事为兴废起敝。

译文

统治的方式，应以不骚扰民众作为安定的基础，把不榨取民脂民膏当作给予民众的途径，以不祸害民众作为有利的大事，以不再劳民伤财作为振兴除弊的方法。

为政先以扶持世教为主。在上者一举措间，而世教之隆污、风俗之美恶系焉。若不管大体何如，而执一时之偏见，虽一事未为不得，而风化所伤甚大，是谓乱常之政，先王慎之。

译文

主持政务应该首先以扶持世间的教化为主。居上位的人的一举一动都关系到教化和社会风气的好坏。若不顾大体而坚持偏见，虽然也可能办成事情，但对风化的危害就大了，这就是常说的扰乱常规的政治，历代的帝王对此是极为谨慎的。

著令甲者[①]，凡以示天下万世，最不可草率。草率则行时必有滞碍；最不可含糊，含糊则行者得以舞文[②]；最不可疏漏，疏漏则出于吾令之外者无以凭藉，而行者得以专辄[③]。

注释

①**令甲**：原指法令的第一篇，后泛指法令。②**舞文**：玩弄法令条文为奸作弊。③**专辄**：专断。

译文

作为统治者制定的法度，凡是要流传天下后代的，最不应该草率。如果草率，推行的时候就会遇到障碍；同时也最不应该含糊不清，如果含糊不清，那么实行的人就会根据自己的喜好任意加以发挥；最不能疏漏，否则，有些事情没有法律条文作凭借，实行之人就会专断擅行。

筑基树臬者[①]，千年之计也。改弦易辙者，百年之计也。兴废补敝者，十年之计也。垩白黝青者[②]，一时之计也。因仍苟且，势必积衰；助波覆倾，反以裕蛊[③]。先天下之忧者，可以审矣。

注释

①**臬**：门橛，在地及门中者为臬。②**垩白黝青**：刷上青色或白色。③**裕蛊**：宽纵小人。

译文

奠定基础树立法准的，是为了千年的统治。改弦易辙的，是为了百年统治。振兴百废弥补弊端的，是为了十年的统治。粉饰太平掩饰腐败的，只是一时的权宜之策。因循旧规，苟且度日，形势必然一天天衰败下去；推波助澜，反而会纵容小人滋生坏事。这是先天下之忧而忧的人应该明察的。

气运怕盈，故天下之势不可使之盈。既盈之势，便当使之损。是故不测之祸，一朝之忿，非目前之积也，成于势盈。势盈者，不可不自损。捧盈卮者[①]，徐行不如少挹。

注释

①**卮**：酒杯。

译文

气运不能满盈，所以天下的形势不能使它发展到极点。到了盈满的形势，就应当使它受损。这是因为那些突然的灾祸、猛然爆发的愤怒，都不是目前积累的，而是事情发展到极点的结果。凡是发展到极点的，不能不自己加以消减。拿着装满酒的酒杯者，慢慢走倒不如开始的时候少倒一点酒。

微者正之，甚者从之。从微则甚，正甚愈甚。天地万物，气化人事，莫不皆然。是故正微从甚，皆所以禁之也。此二帝三王之所以治也。

译文

衰败了的事物，还想扶植，做得过头的事情，还听任它发展。任凭事物衰败下去，事物就会越变越坏，想纠正越变越坏的事，只能助长它发展。天地万物、气化人事都遵循这个道理。因此扶植衰微的事物、听任事情向坏的方面发展，都是应该禁止的。这是二帝三王能够治世的道理所在。

圣人治天下，常令天下之人精神奋发，意念敛束。奋发则万民无弃业，而兵食足，义气充，平居可以勤国，有事可以捐躯。敛束则万民无邪行，而身家重名检修①。世治则礼法易行，国衰则奸盗不起。后世之民，怠惰放肆甚矣。臣民而怠惰放肆，明主之忧也。

注释

①**名检**：名声规矩。

译文

圣人治理天下，常常使天下的人们精神奋发，意念坚守。奋发则民众就不会有荒废的事业，因而军队有充足的供应，意气蓬勃，任何人都可以为国效力，当国家需要的时候可以为国捐躯。意志坚守则民众没有邪恶的行为而重视身家性命、注意自身的名声修养。世道兴盛时礼法就容易推行，国势衰微时奸盗也不会兴起。后世的民众太过于怠惰放肆了。臣子和民众都怠惰放肆，这是英明君主最大的忧虑啊。

能使天下之人者，惟神、惟德、惟惠、惟威。神则无言无为，而妙应如响。德则共尊共亲，而归附自同。惠则民利其利，威则民畏其法。非是则动众无术矣。

译文

能够统治天下的，只有神明、品德、恩惠和威严。神明无言无为而妙应如响。德是大家共同遵守的，自然自愿归附。惠使百姓获益，威使百姓敬畏。如果不是这样，就没有办法统治民众了。

只有不容已之真心①，自有不可易之良法。其处之未必当者，必其思之不精者也。其思之不精者，必其心之不切者也。故有纯王之心，方有纯王之政。

注释

①**不容己**：不放纵自己。

译文

只要真正不放纵宽容自己，自然会有不可改变的好办法。处理事情不当，一定是思考得不够精密。思考得不够精密，必然是由于用心不急切的缘故。因此有君王纯正的心灵，才会有君王纯正的政治。

王法上承天道，下顺人情，要个大中至正，不容有一毫偏重偏轻之制。行法者，要个大公无我，不容有一毫故出故入之心，则是天也。君臣以天行法，而后下民以天相安。

译文

君王的法度上符合天道，下顺应民众的人情，应该中正光大，不应有丝毫根据自己的主观喜好制定的策略。执行法令的人要大公无私，不允许有丝毫出入，这是上天的旨意。君臣按照上天的旨意执行法令，而后百姓才能依照天道安定地生活。

振玩兴废用重典①，惩奸止乱用重典，齐众摧强用重典。

注释

①**重典**：重法。

译文

兴利废弊的时候，应用严厉的法律；惩治奸恶治理混乱，应用严厉的法律；调动民众的力量去摧毁强大的势力，应用严厉的法律。

圣明之世，情、礼、法三者不相忤也。末世，情胜则夺法，法胜则夺礼。

译文

圣明的时代，感情、礼仪和法律三者并不矛盾。在末世，感情过盛就会取代法律，法律过盛则会取代礼仪。

圣人能用天下，而后天下乐为之用。圣人以心用，天下以形用。

心用者，无用者也，众用之所恃，以为用者也。若与天下竞智勇、角聪明，则穷矣。

译文

圣人能把天下治理好，天下人才愿意被圣人所用。圣人用心来治理天下，天下人以行动来为心所用。圣人的治理，也就是不治理，即不用自己亲自去做，而是作为众人的依靠来发挥作用。如果与天下众人比较智慧和勇敢，圣人是没有办法的。

后世无人才，病本只是学政不修。而今把作万分不急之务，才振举这个题目，便笑倒人。官之无良，国家不受其福，苍生且被其祸，不知当何如处？

译文

后世缺少人才，根本原因是因为不重视教育。现在把教育当作非常不重要的事，只要有人提出振兴教育，人们便会笑得东倒西歪。没有优秀的官员，国家就得不到益处，黎民百姓就会遭到他们的祸害，这个问题该如何解决呢？

先王为政，全在人心上用工夫。其体人心，在我心上用工夫。何者？同然之故也。故先王体人于我，而民心得，天下治。

译文

先代的帝王进行统治，主要是研究如何获得民心。在体谅民心上面，主要是以自己的心情来推断。为什么呢？因为人心相通的缘故。因此先王从自我出发体察民心，而民心由此可得，天下由此而治。

精神爽奋则百废俱兴，肢本怠弛则百兴俱废。圣人之治天下，鼓舞人心，振作士气，务使天下之人如含露之朝叶，不欲如久旱之午苗。

译文

精神振奋就会百废俱兴，身体懒惰则会百业俱废。圣人治理天下，能鼓舞人心、振作士气，一定要使天下的人们就像早晨含着露水的树叶，不能像正午时久旱的秧苗一样。

而今不要掀揭天地，惊骇世俗，也须拆洗乾坤，一新光景。

译文

如今即使不掀天揭地，干一番惊世骇俗的事业，也要清洗乾坤，创造一番崭新景象。

振则须起风雷之益，惩则须奋刚健之乾，不如是，海内大可忧矣。

译文

振作需有雷厉风行的气势，惩恶需要像乾卦那样刚健强劲，否则，国家局势实在令人忧心。

治世莫先无伪，教民只是不争。

译文

治理国家的方法最基本的是除去虚伪，教化百姓的方法就是不要相互争斗。

圣人无奇名，太平无奇事，何者？皇锡此极[①]，民归此极，道德一，风俗同，何奇之有？

注释

①锡：赐。

译文

圣人没有奇特的名声，太平时没有怪异之事，为什么呢？皇上的恩赐到了极点，民众的归服也到了极点，道德归一，风俗相同，这还有什么奇异的呢？

公、私两字，是宇宙的人鬼关。若自朝堂以至闾里，只把持得公字定，便自天清地宁、政清讼息。只一个私字，扰攘得不成世界。

译文

公、私两个字，是宇宙间的人鬼关。倘若上至官吏下至百姓都能够坚持大公无私，天地就自然会清静安宁，廉政寡讼了。只是一个“私”字，将世界搅扰得不成样子。

王道感人处，只在以我真诚恒恻之心，体其委曲必至之情。是故不赏而劝，不激而奋。出一言而能使人致其死命，诚故也。

译文

王道的感人之处，只在于以我真诚恻隐的心去体觉天道委婉必至的情感。因而不加赏赐就能努力为之，不激励就能奋起。发出一个命令都能让人赴汤蹈火，这都是由于精诚所至的缘故。

人君者，天下之所依以欣戚者也。一念怠荒，则四海必有废弛之事；一念纵逸，则四海必有不得其所之民。故常一日之间，几运心思于四海，而天下尚有君门万里之叹。苟不察群情之向背，而惟己欲之是恣，呜呼，可惧也！

译文

统治民众的帝王，就是天下赖以感到欢欣或者悲伤的所在。一念荒怠，四海之内就会有废弛的事情；一念纵逸，四海之内就会有流离失所的人。即使在一日之间，几次都考虑到四海之内的人民，天下仍有君门万里的感叹。假使不体察人心的向背，只是凭着自己的欲望为所欲为，唉，就可怕了！

> **古代“四海”**
>
> “四海之内皆兄弟”语出《论语·颜渊》：“四海之内，皆兄弟也。君子何患乎无兄弟也？”“四海”究竟是指什么呢？四海的“海”其实不是指真的大海，而是古代疆域的范围，《尔雅·释地》中对“四海”的真正含义作出了完整的解释：“九夷，八狄，七戎，六蛮，谓之四海。”夷狄戎蛮并不是专指古代的哪一个民族或部族，而是指一种方位。

天下之存亡系两字，曰：天命。天命之去就系两字，曰：人心。

译文

天下的存亡系于两个字：天命。天命的得失也系于两个字：人心。

耐烦则为三王，不耐烦则为五霸。

译文

能够忍耐就成为禹、商汤、文王；不能忍耐就成为春秋五霸。

一人忧则天下乐，一人乐则天下忧。

译文

君王一个人的忧虑和勤劳可以换取天下之乐，只图一个人的欢乐，那么天下人就会感到忧虑。

圣人联天下为一身，运天下于一心。今夫四肢百骸、五脏六腑皆吾身也，痛痒之微，无有不觉，无有不顾。四海之痛痒，岂帝王所可忽哉？夫一指之疔如粟，可以致人之死命。国之存亡，不在耳目闻见时，闻见时则无及矣。此以利害言之耳。一身麻木，若不是我，非身也。人君者，天下之人君。天下者，人君之天下。而血气不相通，心知不相及，岂天立君之意耶？

译文

圣人把天下比作一身，将天下运用于一心。那么就像四肢躯干、五脏六腑一样都是自己身体一部分，痛痒的微小感觉都可以轻易体察，都想到医治。四海民众的痛痒，难道是帝王可以忽视的吗？手指上长了米粒大的一个疔疮，可以致命。国家的存亡不在于耳目闻见之时，一旦发现就来不及了。这是从利害方面讲的。一个人身体麻木，好像不是我，实际上已经不是自己的身体了。统治者，是天下人的统治者。天下，是统治者的天下。如果血气不相通，心智不相连，难道上天是为了这个才有统治者吗？

无厌之欲，乱之所自生也。不平之气，乱之所由成也。皆有国者之所惧也。

译文

贪得无厌的欲望，是祸乱滋生的源泉。不平的情绪，是动乱形成的直接原因。这些是统治者所应惧怕的。

用威行法，宜有三豫：一曰上下情通，二曰惠爱素孚，三曰公道难容。如此，则虽死而人无怨矣。

译文

加强严格的法律制度，应该在三个方面加以注意：一是与民众的感情融通，二是诚挚地热爱民众，三是不能够以公徇私。如果能做到这三点，那么就是对犯罪的人处以极刑，人们也不会怨恨的。

天下所望于圣人，只是个安字。圣人所以安天下，只是个平字。平则安，不平则不安矣。

译文

天下对圣人所期盼的，只有一个“安”字。圣人之所以能使天下安定，只是个“平”字。公平就带来安定，不公平就不安定。

三军要他轻生，万姓要他重生，不轻生不能戡乱[1]，不重生易于为乱。

注释

①**戡乱**：平定叛乱。

译文

三军要他放弃生命，百姓要他重视生命，不轻视生命就不能抚平战乱，不重视生命就容易滋生祸乱。

太古之世，上下相忘，不言而信。中古上下求相孚。后世上下求相胜。上用法胜下，下用欺以避法。下以术胜上，上用智以防术。以是而欲求治，胡可得哉[1]？欲复古道，不如一待以至诚。诚之所不孚者，法以辅之，庶几不死之人心[2]，尚可与还三代之旧乎？

注释

①**胡**：怎么。②**庶几**：也许。表示希望或推测之词。

译文

太古的世道，忘记了上下级的区分，不用说话，人们就能彼此信任。中古的世道，上下级希望以诚相待。后世的人上下级追求互相胜出。上级用法律治理下级，下级用欺诈规避法律。下级用权术玩弄上级，上级则绞尽脑汁防备机巧。像这样而想天下大治，怎么可能实现呢？如果希望重现太古盛世，不如上下至诚相待。至诚还不能使人信服，就用法律来辅助，这样未曾僵死的人心，也许能重现三代的旧貌吧？

治道尚阳[1]，兵道尚阴[2]；治道尚方[3]，兵道尚圆[4]。是惟无言，言必行。是惟无行，行必竟。易、简、明、达者，治之用也。有言之不必行者，有言之即行者，有行之后言者，有行之竟不言者，有行之非其所言者。融通变化，信我疑彼者，兵之用也。二者杂施，鲜不败矣。

注释

①**治道**：治国之道。**尚**：尊崇。②**兵道**：治兵用兵之道。③**方**：指有规矩、有原则。④**圆**：指要灵活、善权变。

译文

治国之道应该光明，用兵之术应该诡秘；治国之道应该正直，用兵之术应该圆通。这样，要么不说，一旦说了就必定采取行动。要么不采取行动，一旦采取行动就必定会成功。易、简、明、达是治国之道的原则。有说了而不必做的，有说了立即行动的，有做了再说的，有做了最终不说的，有言行不一致的。这些方法融通变化，使我方相信而使敌方怀疑，是用兵之术。治国之道与用兵之术混合使用，很少不败的。

善用威者不轻怒，善用恩者不妄施。

译文

善于使用威严的人不轻易动怒，善于运用恩惠笼络手段的人不会随便实施恩惠。

居上之患，莫大于赏无功、赦有罪；尤莫大于有功不赏，而罚及无罪。是故王者任功罪，不任喜怒；任是非，不任毁誉。所以平天下之情，而防其变也。此有国家者之大戒也。

译文

作为统治者最大的危害，就在于对没有功的却加以奖赏，对那些犯了罪的人却给予赦免；最大的过错就在于对有功之士不加奖励，反而惩罚没有犯罪的人。因而君王只论功罪，不随喜怒；只论是非，不看毁誉。这是为了平定天下人的感情，以防其变。这是治国的人应引以为戒的。

事有知其当变而不得不因者，善救之而已矣。人有知其当退而不得不用者，善驭之而已矣。

译文

有的事明知应当改变却不得不因循，这是善于补救而已。有的人明知道应该将他黜退但不得不用，这是善于驾驭而已。

下情之通于上也，如婴儿之于慈母，无小弗达。上德之及于下也，如流水之于间隙，无微不入。如此而天下乱亡者，未之有也。故壅蔽之奸[1]，为亡国罪首。

注释

①**壅**：堵塞。**蔽**：遮盖。

译文

民情通达于父母官，就像婴儿与慈母的关系，无微不至。当权者的恩德施及民众，就像流水入间隙，无微不入。如果能够做到这样而天下灭亡的朝代，古今还没有听说过。因此蔽塞所造成的危害，是国家灭亡的最主要原因。

不齐天之道也，数之自然也。故万物生于不齐，而死于齐。而世之任情厌事者，乃欲一切齐之，是益以甚其不齐者也。夫不齐其不齐，则简而易治；齐其不齐，则乱而多端。

译文

千差万异是天道，是自然的规律。因此万物生的时候千差万别，而最后都要归于死亡。而世上有些懒散的人对万事万物的差别感到厌烦，企图把一切都弄成一个样子，结果就会事与愿违，造成更多的差别。使不齐之事自然发展，则简单易治；使不齐之事整齐，则混乱多事。

宇宙有三纲，智巧者不能逃也：一王法，二天理，三公论。可畏哉！

译文

天地间有三纲，聪明机巧的人也无法逃脱：一是王法，二是天理，三是公论。这三种恒久的纲常太令人畏惧了！

既成德矣，而诵其童年之小失。既成功矣，而笑其往日之偶败。皆刻薄之见也，君子不为。

译文

一旦有人成其德业，就说起他小时候的过失。一旦有人事做成了，便笑话他过去偶然的失败。这些都是刻薄之见，君子不这样做。

任是最愚拙人，必有一般可用，在善用之者耳。

译文

即使最愚拙的人，也必定有一种可用之处，只在于能否善于使用他。

公论，非众口一词之谓也。满朝皆非，而一人是，则公论在一人。

译文

所谓公论并不是指众人说的一样就是公论。如果大家说的都不对，只有一个人对，那么公论只在他一人身上。

为政者，非谓得行即行，以可行则行耳。有得行之势，而昧可行之理，是位以济其恶也。君子谓之贼。

译文

当官办理政务，不能说我想干什么就干什么，要看该干还是不该干。如果有想干什么就干什么的权势，又违背应该不应该干的正理，是利用权位帮助作恶。君子称之为贼。

使众之道，不分职守，则分日月，然后有所责成，而上不劳，无所推委而下不奸。混呼杂命，概怒偏劳，此不可以使二人，况众人乎？勤者苦，惰者逸，讷者冤[①]，辩者欺，贪者饱，廉者饥，是人也，即为人下且不能，而使之为人上，可叹也夫！

注释

①**讷**：木讷，出言迟钝。

译文

上司用人之道，如果不从职责上要求，那就从时间上要求，这样就命令准确，上司不劳累，下属也没有借口推托而不能要奸弄滑。胡作非为，任意发怒，而只役使一部分人劳累，这样做连两个都不能役使，更何况众人呢？使勤者辛苦，惰者安逸，木讷者冤屈，善辩者欺诈，贪婪者饱食，廉洁者饥饿，这样的人，即使受役使也做不好，何况役使别人呢，可悲可叹啊！

世教不明，风俗不美，只是策励士大夫。

译文

世上的教化不明达，世上的风俗不道德，这只能鼓励士大夫努力改变。

治病要择良医，安民要择良吏。良吏不患无人，在选择有法，而激劝有道耳。

译文

治病要选择良医，安抚百姓要选择好官。不怕没有好官，只在于选择有法，同时也在于激励鞭策的方法是否合适。

藏人为君守财[1]，吏为君守法，其守一也。藏人窃藏以营私，谓之盗。吏以法市恩，不曰盗乎？卖公法以酬私德，剥民财以树厚交，恬然以为当然，可叹哉！若吾身家，慨以许人，则吾专之矣。

注释

①**藏人**：管理府库的人。

译文

管理国库的人为君主守护财产，官吏为君主守护法纪，在守护这件事上他们是统一的。管国库的人窃取国库营取私利，叫作盗贼。官吏以法换取别人的感激，就不算盗贼吗？把公共的法律卖掉以应酬私人的恩德，为了相互的交往而剥削民众的财产，恬不知耻反而觉得理所当然，真是太可悲可叹了！如果是自己的财产，慷慨赠送给他人，那才是真正的仗义疏财呢。

保甲制

保甲制是古代统治者通过户籍编制来统治人民的一种制度。若干家编作一甲，若干甲编作一保。保设保长，甲设甲长，以便统治者对人民实行层层管制。保甲制的实质是通过联保连坐法来控制人民。联保连坐法就是各户之间联合作保，共具保结，一家有“罪”，九家举发，若不举发，十家连带坐罪。

弭盗之末务，莫如保甲。弭盗之本务，莫如教养。故斗米十钱，夜户不闭，足食之效也。守遗待主，始于盗牛，教化之功也。夫盗，辱名也，死，重法也，而人犹为之，此其罪岂独在民哉？而惟城池是恃，关键是严，巡缉是密[1]，可笑也已。

注释

①**巡缉**：巡捕捉拿。

译文

消除盗窃的一般方法莫如保甲了，消除盗窃的根本措施莫如教养了。因而当一斗米只需要十文钱时，可以夜不闭户，是丰衣足食的结果。守护遗物等待主人的人，原来却曾偷过牛，这是教化使他改变的。盗是可耻的名声，死是严酷的刑罚，即便是那样，人们还是盗窃，那么罪过怎么就只在民众呢？如果自恃城池坚固，把守得严格，巡逻检查得严密，那才可笑呢。

整顿世界，全要鼓舞天下人心。鼓舞人心，先要振作自家神气。而今提纲挈领之人，奄奄气不足以息，如何教海内不软手折脚、零骨懈髓底？

译文

整顿世界，要鼓舞天下人心。鼓舞人心，先要振作自己的精神，当今手握大权的人都奄奄一息，怎么能教海内之人不手软脚折、全身松懈呢？

事有大于劳民伤财者，虽劳民伤财，亦所不顾。事有不关利国安民者，虽不劳民伤财，亦不可为。

译文

事情有比劳民伤财更严重的，即使劳民伤财，也不顾及。事情有与利国安民无关的，那就是即使不劳民伤财，也不去做。

百姓只干正经事，不怕衣食不丰足。君臣只干正经事，不怕天下不太平。试问百司庶府所职者何官？终日所干者何事？有道者可以自省矣。

译文

百姓都干正经事，不怕衣食不充足。君臣只干正经事，不怕天下不太平。试问现在各级部门都担任着什么官职？每天都干些什么事情？懂得这些道理的人应自我反省了。

法至于平尽矣①，君子又加之以恕②。乃知平者圣人之公也。恕者圣人之仁也。彼不平者，加之以深，不恕者，加之以刻③，其伤天地之和多矣。

注释

①**平**：公平。②**恕**：宽恕。③**刻**：严酷，刻薄。

译文

法律做到公平已经很完满了，君子又加以宽恕为人。由此可知：平和是圣人的公正，宽恕是圣人的仁爱。那些不公平的，又加深不公平，不宽恕的，更加上刻薄，伤害天地之和的就多了。

化民成俗之道，除却身教，再无巧术。除却久道，再无顿法。

译文

教化百姓、养成风俗的道理，除了以身作则以外，再没有更好的办法了。除了长久教化外，再没有捷径了。

礼之有次第也，犹堂之有阶，使人不得骤僭也[①]，故等级不妨于太烦。阶有级，虽疾足者不得阔步；礼有等，虽倨傲者不敢凌节。

注释

①**僭**：越分。

译文

等级的礼仪，就像房子前面的台阶一样，使人不能一下子就进入，因而等级不嫌太烦琐。台阶有级，虽然快走之人也不能阔步前进；礼有等级，即使倨傲的人也不敢越过本分。

人才邪正，世道为之也。世道污隆[①]，君相为之也。君人者，何尝不费富贵哉？以正富贵人，则小人皆化为君子。以邪富贵人，则君子皆化为小人。

注释

①**污隆**：指时世风俗的盛衰。

译文

人的才能用在正当的事情还是用在邪恶的事情上，全在于世道的影响。世道污秽不堪和隆盛，是帝王和臣子造成的。君主何尝不把富贵给人呢？以正道使人富贵，小人也化成了君子。以邪道诱人富贵，君子也会变成小人。

满目所见，世上无一物不有淫巧。这淫巧耗了世上多少生成的财货，误了世上多少生财的工夫，淫巧不诛，而欲讲理财，皆苟且之谈也。

译文

满目所见，世上没有一样东西没有过度奇巧。这些过度奇巧的东西耗费了世上多少生产出来的财物，耽误了世人多少生财的工夫，不诛灭这些东西，还想要谈论如何管理财富，那就是无稽之谈了。

天地之财，要看他从来处，又要看他归宿处。从来处要丰要养，归宿处要约要节。

译文

世间的财富，要看它从何处得来，又应该看用在什么地方上。得来之所应当丰富宽大，使用之处应当节约俭省。

将三代以来陋习敝规一洗而更之，还三代以上一半古意，也是一个相业。若改正朔，易服色，都是腐儒作用。葺倾厦，逐颓波，都是俗吏作用，于苍生奚补？噫！此可与有识者道。

译文

清除三代以来的陋习弊病，恢复三代以前一半的朴实，也是一种事业。至于改正历法，变换服色，都是腐儒所干的事。修理倒下的房屋，随波逐流，都是俗吏的事，对百姓有什么好处呢？哎！这可以和有识之士商谈。

御戎之道，上焉者德化心孚，其次讲信修睦，其次远驾长驱，其次坚壁清野，其次阴符智运，其次接刃交锋，其下叩关开市，又其下纳币和亲。

译文

谈到防御外族，最好的方法是以道德感化，以诚挚服人心，其次是讲信义，友好互助，再其次是发起攻击，再其次是固守城池，再次是运用智谋，再次是刀锋相见，下策是开放市场，最下是交纳岁币、通婚和亲。

为政之道，第一要德感诚孚。第二要令行禁止，令不行，禁不止，与无官无政同，虽尧、舜不能治一乡，而况天下乎？

译文

为政之道，第一要以德感之，以诚使之服。第二要令行禁止，令不行，禁不止，就和没有官府一样，即使是尧、舜也无法治理一乡，何况天下呢？

防奸之法，毕竟疏于作奸之人。彼作奸者，拙则作伪以逃防，巧则就法以生弊，不但去害，而反益其害。彼作者十，而犯者一耳。又轻其罪，以为未犯者劝，法奈何得行？故行法不严，不如无法。

译文

防止奸谗的方法，最好是远离奸谗之人。像那些奸谗的人，笨拙的就伪装以逃避防范，机巧的就想方设法滋生弊端，不但不能够去除危害，反而有助于危害。作奸犯科有十人，只能抓到一人。又从轻处罚，反成为对未作奸之人的鼓励，法令如何施行呢？因而执法不严不如无法。

印书先要个印板真，为陶先要个模子好，以邪官举邪官，以俗士取俗士，国欲治，得乎？

译文

印刷书籍首先要把印板弄好，烧制陶器首先要把模子做好，用邪恶的官员就会举荐邪恶的官员，用庸俗的人就会录取庸俗的人，那样想把国家治理好，可能吗？

三公示无私也，三孤示无党也，九卿示无隐也。事无私曲，心无闭藏，何隐之有？呜呼！顾名思义，官职亦少称矣。

译文

设立三公以表明无私，设立三孤以表明无党派之偏，设立九卿以表明无隐瞒之事。事情没有私心曲衷，心境没有遮蔽躲藏，又有什么隐情呢？唉！从名称推断含义，官名和实际之间很少有相符的。

要天下太平，满朝只消三个人，一省只消两个人。

译文

要想使天下太平，整个朝廷只需要三个官员，一个省只需要两个官员就够了。

贤者只是一味，圣人备五味。一味之人，其性执，其见偏。自有用其一味处，但当因才器使耳。

译文

贤者只是一种味道，而圣人则五味俱全。一味之人，性情偏执，见解偏激。只有用在适合其个性的地方，才能担当起担子来。

天之气运有常，人依之以事作，而百务成，因之以长养，而百病少。上之政体有常，则下之志趋定而渐可责成。人之耳目一，而因以寡过。

译文

天地间的气运有一定的常规，人们依此行事，就会把各种事物做好，如果依照这常规来长期颐养，就会很少患各种疾病。国家的政体有常规，下面人的志向才会趋于安定并渐渐走向成功。人们的见闻都统一了，犯的错误也就会减少。

君子见狱囚而加礼焉。今以后皆君子人也，可无敬与？噫！刑法之设，明王之所以爱小人，而示之以君子之路也。然则囹圄者，小人之学校与。

译文

君子见到狱中犯人也会以礼相待。因为此人以后也都可能成为正人君子，为什么不加礼敬呢？哎！刑法的设立是英明的君王爱护小人，并为其指出通向君子的正确道路。所以说监狱，就是小人的学校。

小人只怕他有才，有才以济之，流害无穷。君子只怕他无才，无才以行之，斯世何补？

译文

小人就怕有才能，小人有了才华作为辅助，他就会危害无穷。君子就怕没有才能，没有才能帮他行事，对社会有什么好处呢？

事有便于官吏之私者，百世常行，天下通行，或日盛月新，至弥漫而不可救。若不便于己私，虽天下国家以为极，便屡加申饬，每不能行，即暂行亦不能久。负国负民，吾党之罪大矣！

译文

事情有利于官吏私欲的，便长期地干下去，满天下都干开去，日积月累以致蔓延不可救。如果对自己没有利的事，虽然对天下国家极其有利，屡次告诫，仍不能通行，即使暂时能行也不会长久。有负国家有负人民，我们这些官员的罪过就大了！

恩威当使有余，不可穷也。天子之恩威，止于爵三公、夷九族[①]。恩威尽，而人思以胜之矣。故明君养恩不尽，常使人有余荣；养威不尽，常使人有余惧。此久安长治之道也。

注释

①**夷**：灭。

译文

恩威的使用都要留有余地，不能用尽。天子的恩威止于授爵三公或诛灭九族，如果恩威用尽，人们就会想办法胜过这些恩威。因此，英明的君王不把恩威用尽，常使人有所余荣又有所余悸。这就是长治久安的道理。

刑、礼非二物也，皆令人迁善而去恶也。故远于礼，则近于刑。

译文

刑法和礼仪不是两种东西，都是让人迁善去恶的。因此，违背了礼仪就会接近于受法律制裁的地步。

上德默成，示意而已。其次示观，动其自然；其次示声色；其次示是非，使知当然；其次示毁誉，使不得不然；其次示祸福；其次示赏罚；其次示生杀，使不敢不然。盖至于示生杀，而御世之术穷矣。叔季之世，自生杀之外无示也。悲夫！

译文

上德默默显示，只要示意就可以了；其次是让人看到，打动其内心自然之情；其次是表达喜怒；再次是指明是非，使百姓知道该如何；再次是表明毁誉，使人不得不顺从；再次是表明祸福；再次是表示赏罚；再次是表示生杀，使人不敢不听从。到了以生杀来示人的时候，就是治理社会的办法和权术已经穷尽了。叔季的时代，除了生杀以外没有其他方法。真是太可悲了！

权之所在，利之所归也。圣人以权行道，小人以权济私。在上者慎以权与人。

译文

有了权力就会带来利益。圣人以权行道，小人以权谋私。居于上位的人不要轻易给人权力。

太平之时，文武将吏习于懒散，拾前人之唾余，高谈阔论，尽似真才。乃稍稍艰大事到手，仓皇迷闷，无一干济之术[①]，可叹可恨！士君子平日事事讲求，在在体验，临时只办得三五分，若全然不理会，只似纸舟尘饭耳[②]。

注释

①**干济**：干练的办事能力。②**纸舟尘饭**：以纸作舟，以尘作饭，比喻以伪当真或毫无用处的东西。

译文

太平的日子，文武官员都惯于懒散，拾起别人说过的话而高谈阔论，好像都是才子。一遇到稍微艰难一点或大一点的事，便仓皇迷闷，没有一点办法，真是又可叹又可恨啊！士君子平时每件事都应该讲究实际应用，事事体验，这样到了做事的时候也才能发挥出三五分来；倘若根本不理会实用，就像是纸上谈兵一样了。

圣人之杀，所以止杀也。故果于杀，而不为姑息，故杀者一二，而所全活者千万。后世之不杀，所以滋杀也，不忍于杀一二，以养天下之奸，故生其可杀，而生者多陷于杀。呜呼！后世民多犯死，则为人上者妇人之仁为之也。世欲治得乎？

译文

圣人主张的杀是为了止杀。因此对于那些该杀的就十分果断，不会姑息，杀了一两个而能保全千万人。后世主张的不杀是助长杀，因为不忍心杀一两个人，而姑息养奸，让该杀的活下来却使更多的人陷于被杀。唉！后世的民众有很多犯了死罪，就因为位高权重者以妇人之仁而姑息免罪造成的。这样想使国家治理好，可能吗？

守令于民，先有知疼知热，如儿如女一副真心肠，什么爱养曲成事业做不出。只是生来没此念头，便与说绽唇舌，浑如醉梦。

译文

郡守与县令对待百姓，先要知其冷热，如同对待子女一样，这样的话，什么爱民养民、曲折成功的事业做不出呢？只是许多人天生就没有这种想法，你就是说破了嘴，他们也浑然像在醉梦中一样。

兵士二党，近世之隐忧也。士党易散，兵党难驯，看来亦有法处，我欲三月而令可杀，杀之可令心服而无怨，何者？罪不在下故也。

译文

兵、士结党是近世的隐忧。士人结党容易离散，士兵结党难以驯服。看来也有办法，我能使他们在三个月内听从号令，如果不听，即使处死也可让他们心服口服没有怨恨。为什么呢？这是罪不在下面的人的缘故。

或问宰相之道，曰：无私有识。冢宰之道，曰：知人善任使。

译文

有人问做宰相的道理，回答说：要毫无私心，并且有远见卓识。又问如何做好吏部尚书，回答说：知道如何用其所长。

为人上者，最怕器局小，见识俗，吏胥舆皂尽能笑人，不可不慎也。

译文

作为领导，最忌讳心胸狭小和见识庸俗，这样即便是地方小吏、差役也会嘲笑，不可不慎重对待啊。

为政者，立科条，发号令，宁宽些儿，只要真实行，永久行。若法极精密，而督责不严，综核不至，总归虚弥，反增烦扰。此为政者之大戒也。

译文

为政之人，订立条文，发号施令，宁可宽松一些，只要能真正实行，长期实行。如果制定的法律非常精细严密，但不严格监督，检查不到，到头来一纸空文，反而增添了很多麻烦。这是为政之人最应该戒禁的。

民情不可使不便，不可使甚便。不便则壅阏而不通[①]，甚者令之不行，必溃决而不可收拾；甚便则纵肆而不检，甚者法不能制，必放溢而不敢约束。故圣人同其好恶，以体其必至之情；纳之礼法，以防其不可长之渐。故能相安相习，而不至于为乱。

注释

①**壅阏**：堵塞。

译文

对于民情，不可使他们不便利，又不能太便利。不便利则壅塞不通，甚至命令不能实行，一定会溃决，以至于不可收拾；太便利则放纵恣肆而不加检点，甚至法律都不能控制，一定会放荡不羁，以至于没人敢加以约束。因此圣人调同其好与恶，充分体谅那些无法避免的情况；然后纳入相应的礼仪法度，以防微杜渐。因此民众才能够安定而成为习惯，不至于引起混乱来。

居官只一个快性，自家讨了多少便宜，左右省了多少负累，百姓省了多少劳费。

译文

做官只要雷厉风行，自己得了多少好处，周围的人减少了多少麻烦，百姓减轻了多少劳累和负担。

自委质后[①]，终日做的是朝廷官，执的是朝廷法，干的是朝廷事。荣辱在君，爱憎在人，进退在我。吾辈而今错处，把官认作自家官，所以万事顾不得，只要保全这个在，扶持这个尊。此虽是第二等说话，然见得这个透，还算五分人。

注释

①**委质**：此指做官。

译文

自从做官以后，终日做的是朝廷的官，执的是朝廷的法，干的是朝廷的事。荣辱取决于帝王，爱憎取决于他人，进退取决于自己。我们这些当官的人现在错把这个官当作自家的官，因此什么事都顾不得，只要保全住这个官，保住这个尊严。这虽是第二等的话，然而对这点能看清楚，还算是五分人。

铦矛而秫梃[①]，金矢而秸弓[②]，虽有《周官》之法度，而无奉行之人，典谟训诰何益哉[③]！

注释

①**铦**（xiān）：锐利。**梃**：木棒。②**金矢而秸弓**：金属的箭头用植物的秆为弓，比喻不相称，无用处。③**典谟训诰**：重要的典章制度及公告。

《周官》

《周官》，又称《周礼》，相传为周公所作。《周礼》所涉及之内容极为丰富。大至天下九州，天文历象；小至沟洫道路，草木虫鱼。凡邦国建制，政法文教，礼乐兵刑，赋税度支，膳食衣饰，寝庙车马，农商医卜，工艺制作，各种名物、典章、制度，无所不包，堪称上古文化史之宝库。东汉末，经学大师郑玄为《周礼》作注。由于郑玄的崇高学术声望，《周礼》一跃而居《三礼》之首，成为儒家的煌煌大典之一。

译文

尖利的矛头，却用秫做杆，金做的箭头，却用麦秸做箭杆，即使有《周官》那样严密的法度，却没有去执行的人，那么典训有什么用呢？

二帝三王功业，原不难做，只是人不曾理会。譬之遥望万丈高峰，何等巍峨，他地步原自逶迤，上面亦不陡峻，不信只小试一试便见得。

译文

二帝三王建立的功业其实不难创立，只是人们不曾好好理会。就好像遥望万丈的高峰，只会感到它的巍峨，其实登山的路原来是曲折婉转的，顶上也并不陡峭，不信只要试一试就知道了。

洗漆以油，洗污以灰，洗油以腻，去小人以小人，此古今妙手也。昔人明此意者几①？故以君子去小人，正治之法也。正治是堂堂之阵，妙手是玄玄之机②。玄玄之机，非圣人不能用也。

注释

①**几**：几何，多少。②**玄玄**：深奥，神妙。

译文

正如用油洗漆，用灰洗污，用腻洗油，用小人除掉小人，正是古今的妙手。以前的人明白这个道理的有多少？所以采用以君子除掉小人，这是从正面治理的方法。正当的整治是堂堂皇皇地进行，而巧妙的办法却有深奥的机巧。这深奥的机巧，只有圣人才能够运用得当。

吏治不但错枉，去慵懦无用之人，清仕路之最急者。长厚者误国蠹民以相培植，奈何？

译文

在整顿吏治时不但要罢免邪枉之人，不使用慵懒懦弱而无能的人，也是当务之急。但是长厚之人对这些人加以培植而使其误国害民，怎么办呢？

易衰歇而难奋发者，我也；易懒散而难振作者，众也。易坏乱而难整饬者，事也；易蛊敝而难久当者，物也。此所以治日常少，而乱日常多也。故为政要鼓舞不倦，纲常张，纪常理。

译文

喜欢苟且偷安而难以发奋的，是我自己；喜欢偷懒散漫而难以振作的，是民众；容易办乱办坏而难以做好的，是事情；容易腐烂而难以长久保存的，是物品。这就是社会安定的时候少，混乱的时候多的原因。所以治国理民要振奋精神，坚持不懈，伸张纲常，理顺法纪。

滥准、株连、差拘、监禁、保押、淹久、解审、照提，此八者，狱情之大忌也，仁人之所隐也[①]。居官者慎之。

注释

①**隐**：隐晦。

译文

随便准状，随便株连他人，随便抓人，随便囚禁人，随便让人保取，随便久留，随便押解人，随便提审人，这八种情况，是司法情形最忌讳的，仁善的人都避免这样做。官员对此应该特别慎重。

德立行成了，论不得人之贵贱，家之富贫，分之尊卑，自然上下格心[①]，大小象指[②]，历山耕夫，有甚威灵气焰？故曰：默而成之，不言而信，存乎德行。

注释

①**格心**：正心。②**象指**：像指头一样听从使唤。

译文

道德修养好了，便不用再计较人出身的贵贱、家庭的贫富、个人身份的尊卑了，他自然上下都能做到正心，大人小孩都会听从他的指挥，就像舜本来只是历山一名农夫，有什么威势气焰？因此《易经》说：默默地成功了，不用说就会使人相信，就在于自己的德行。

宽人之恶者，化人之恶者也。激人之过者，甚人之过者也[①]。

注释

①**甚**：加重。

译文

宽大他人错误的，就是能够使他人消灭错误。激将他人错误的，就是助长他人的错误。

五刑不如一耻，百战不如一礼，万劝不如一悔。

译文

遭受五刑不如自己感到一次耻辱，发动百次战争不如一次有礼的行为，被别人劝说万次不如自己一次悔悟。

举大事，动众情，必协众心而后济。不能尽协者，须以诚意格之，恳言入之，如不格不入，须委曲以求济事。不然，彼其气力智术足以撼众，而败吾之谋，而吾又以直道行之，非所以成天下之务也。古之人神谋鬼谋，以卜以筮，岂真有惑于不可知哉？定众志也。此济事之微权也。

译文

从事伟大的事业，激起民众的感情，必须首先协调大众的心情之后才能成功。不能完全协调的，必须以诚相待，以恳切的言语劝说，如果仍格格不入，必须加以妥协才能求得事情成功。不然，对方的气力智术足可以感动众人来破坏我的计划，而我又以直道推行，这不是成就天下大事的办法。古代的人声称代表神、鬼的意志，又占卜算卦来预测未来，难道他们真是因为迷惑于不可知的力量吗？不是的，那样做的目的是坚定众人的意志而已。这是做事的微妙方法。

做官都是苦事，为官原是苦人。官职高一步，责任便大一步，忧勤便增一步。圣人胼手胝足、劳心焦思，惟天下之安而后乐。是乐者，乐其所苦者也。众人快欲适情，身尊家润，惟富贵之得而后乐。是乐者，乐其所乐者也。

译文

做官是苦差事，做官的是苦命人。官职晋升一步，责任便更大一步，忧愁勤苦便更增一步。圣人手脚都磨出了老茧，整天劳心费力，只有天下安宁才快乐。这种快乐，是为其劳苦所快乐。人们贪图悠闲纵欲的欢乐，自己有地位，家境富裕殷实，只有得到富贵才高兴。这种快乐，是为其享乐而欢乐。

法有定，而持循之不易，则下之耳目心志习而上逸；无定，则上之指授口颊烦而下乱。

译文

有固定的法律，坚持遵循而不变更，那么下面的人便会耳闻目见，习惯成自然，这样在上面为官执政的就会安逸。法令没有定制，上面的执政者不断发布法令而口舌烦乱，结果则会导致人们精神状态的混乱。

变法者，变时势不变道，变枝叶不变本。吾怪夫后之议法者，偶有意见，妄逞聪明，不知前人立法千思万虑而后决。后人之所以新奇自喜，皆前人之所以熟思而弃者也。岂前人之见不及此哉！

译 文

变法就是变时势而不变道，变枝叶而不变根本。我奇怪后世议论变法的人，偶尔有些见解便逞聪明，不知道前人立法是千思万虑后决定的。而后代的人们觉得新奇而自己高兴的，都是前代人深思熟虑而放弃的事情。哪里是先人的见解达不到呢！

鳏寡孤独

什么叫"鳏寡孤独"？《礼记》说："少而无父者谓之孤，老而无子者谓之独，老而无妻者谓之鳏，老而无夫者谓之寡。"《孟子·梁惠王》说："老而无妻曰鳏，老而无夫曰寡，老而无子曰独，幼而无父曰孤。"《孟子》还称这四种人为"穷民"，"此四者，天下之穷民而无告者"。现在"鳏寡孤独"已不拘泥于上述的定义和区别，而是泛指一切丧失劳动能力，不能独立生活，而又没有亲属供养的人。

鳏寡孤独，疲癃残疾，颠连无告之失所者，惟冬为甚。故凡咏红炉锦帐之欢，忘雪夜呻吟之苦者，皆不仁者也。

译 文

鳏寡孤独、残疾多病、颠沛流离居无定所的人，在冬天所受的痛苦更惨重。因此，那些只知寻欢作乐而不知雪夜凄苦的人，都是不仁的人。

天下之财，生者一人，食者九人；兴者四人，害者六人。其冻馁而死者，生之人十九，食之人十一。其饱暖而乐者，害之人十九，兴之人十一。呜呼！可为伤心矣。三代之政行宁有此哉？

译 文

天下的财物，一个人生产，而有九个人消费；兴办的有四人，而有六个人去破坏。冻死饿死的十分之九是生产者，而享受者只是十分之一。吃饭穿暖而寻欢作乐的人，十分之九是破坏者，十分之一是兴办者。唉！真是令人伤心呀。三代的政策行为难道是这样的吗？

庙堂之上聚议者，其虚文也。当路者持不虚之成心，循不可废之故事，特借群在以示公耳。是以尊者嚅嗫[1]，卑者唯诺，移日而退。巧于逢迎者，观其颐指意向而极口称道[2]，他日骤得殊荣；激于公直者，知其无益有害，而奋色极言，他日中以奇祸。

注释

①**嚅嗫**：欲言又止。②**颐指**：口不言而以面颊示意。颐，面颊。

译文

在朝廷上聚众议事，只是形式罢了。大臣以不诚的心情，按照以往的惯例发言，只是借此来当众显示自己的公正。因此位高者欲言又止，位卑者唯唯诺诺，拖延时间退席了事。巧于奉承的人，察言观色而极口称道，事后会得到赏识和提拔；公平正直的人认为这样有害无益，因而挺身直言，可是事后却遭到残酷打击。

近世士风大可哀已。英雄豪杰本欲为宇宙树立大纲常、大事业，今也驱之俗套，绳以虚文，不俛首吞声以从，惟有引身而退耳。是以道德之士远引高蹈，功名之士以屈养伸。彼在上者据傲成习，看下面人皆王顺长息也。

译文

近世风气令人可悲。英雄豪杰本想为天下树立榜样，干一番大事业，但被世俗驱使，被虚文缠绕，如不俯首称是便只能引身而退。所以，在这种情况下，讲道德的人就会越离越远，追求功名利禄的人则委曲求全，以图有机会升迁。那些做高官的人骄傲成性，把下面的人都看成顺从缄默的了。

今四海九州之人，郡异风，乡殊俗，道德不一故也。故天下皆守先王之礼，事上接下，交际往来，揆事宰物，率遵一个成法，尚安有诋笑者乎？故惟守礼可以笑人。

译文

现在九州四海的人，郡与郡之间风俗不同，乡与乡之间习俗也有别，这是道德不统一的缘故。若天下都能遵守先王制定的法度，事上接下，交际往来，处理事物，都遵守一个成法，还会有嘲笑之人吗？因此说只有守礼的人才可以笑别人。

凡名器服饰①，自天子而下庶人而上，各有一定等差，不可僭逼。上太杀是谓逼下，下太隆是谓僭上②。先王不裁抑以逼下也，而下不敢僭。

注释

①**名器**：名分器物。表示等级身份的规定和外在标志。②**僭**：越分。

译文

凡是名器、服饰，天子以至于百姓各有差别，不能相互混淆。上面太降低等级就是逼下，下面太超越等级就是僭上。先王不裁抑逼下，因而下人也不敢越上。

礼与刑，二者常相资也。礼先刑后，礼行则刑措[①]，刑行则礼衰。

注释

①**措**：弃置。

译文

礼法与刑罚，两者互为补充。礼仪在前，刑法在后。礼仪都能施行，刑法就会闲置废弃；刑法得以实行，则礼仪的作用就减弱了。

官贵精不贵多，权贵一不贵分。大都之内，法令不行，则官多权分之故也。故万事俱弛。

译文

官员贵在精而不贵多，权力贵在统一而不在分散。在京都之中，法律不容易得到贯彻实行，这是因为在京都中官员众多而权力分散的缘故。因此，各种事都显得很松弛。

名器于人无分毫之益，而国之存亡、民之死生，于是乎系。是故衮冕非暖于纶布，黄瓦非坚于白屋，别等威者，非有利于身，受跪拜者，非有益于己，然而圣王重之者，乱臣贼子非此无以防其渐，而示之殊也。是故虽有大奸恶，而以区区之名分折之，莫不失辞丧气。吁！名器之义大矣哉！

译文

名器对人没有丝毫实用价值，却关系着国家的存亡、民众的生死。因此帝王、士大夫所穿戴的衣帽不比青丝带编织的头巾暖和，金玉所铸的房子不一定比普通的砖瓦房坚固，表示等级威权的东西并非有利于自身，接受别人的跪拜对自己也没什么益处，然而圣王却重视这些，因为乱臣贼子要依此防范，帝王也要依此显示身份。因此有些人虽然怀有强烈的野心，但因一个小小的名分管束着，没有不气短言少的。吁！名器的意义实在是大啊！

今之用人，只怕无去处，不知其病根在来处。今之理财，只怕无来处，不知其病根在去处。

译文

现在用人只怕没处使用，却不知错误的原因在于来处。现在管理财产，就怕没有进项的来源，却不知悖谬的根本在于支出。

古之官人也，择而后用，故其考课也常恕。何也？不以小过弃所择也。今之官人也，用而后择，却又以姑息行之，是无择也，是容保奸回也。岂不浑厚？哀哉万姓矣！

译文

古人任用官吏，选拔之后才会任命，因此在考核的时候比较宽松。为什么呢？因为不想因小过失而否定人选。现在的官员，是任命之后再加以选择分配任务，却又常常姑息，结果等于没有选择，是纵容保护奸邪。这样做难道是浑厚吗？广大民众太遭殃了！

官之所居曰任，此意最可玩，不惟取责任负荷之义。任者，任也。听其便宜，信任而责成也。若牵制束缚，非任矣。

译文

官所在的位置叫作“任”，这个“任”字值得好好分析一下，“任”不仅仅是责任负荷的意思。“任”，就是“任意”“信任”。听任其独立自主，信任官员而责成他去做他应该做的事情。如果什么都不放手，把权力捏在自己的手里，则官员便会受到束缚，这就不是任意了。

居官有五要：休错问一件事，休屈打一个人，休妄费一分财，休轻劳一夫力，休苟取一文钱。

译文

做官有五要：不要错问一件事，不要错打一个人，不要浪费一分钱，不要妄用一个人，不要乱收一文钱。

吴越之战利用智，羌胡之战利用勇。智在相机，勇在养气。相机者，务使鬼神不可知；养气者，务使身家不肯顾。此百胜之道也。

译文

吴越之战用的是智谋，羌胡之战用的是勇猛。智谋在于捕捉时机，勇猛在于培养士气。寻找机会，务必机密得连神鬼也不让知晓；培养士气，务必连自己的生命和家庭也不能够顾及。这是百战百胜的方法。

凡战之道，贪生者死，忘死者生；狃胜者败，耻败者胜。

译文

战争的规律是贪生怕死的人必死，相反，不怕死的人可获生；骄兵必败，哀兵必胜。

疏法胜于密心，宽令胜于严主。

译文

宽疏的法令胜于严密的心计，宽松的命令胜于厉害的君主。

天下之事，倡于作俑[①]，而滥于助波鼓焰之徒。至于大坏极敝，非截然毅然者不能救，于是而犹曰循旧安常，无更张以拂人意，不知其可也。

始作俑者

《孟子·梁惠王上》记载：孔子反对用俑殉葬，曾说："始作俑者，其无后乎！"意思是最早发明用俑来做殉葬的人，大概不会有后代。后人就用"始作俑者"来比喻恶劣先例的开创者。

注释

①**作俑**：制造殉葬的偶像。俑，古代用来陪葬的木偶人或泥偶人。

译文

天下的事情，开始有人捣乱，更被一些推波助澜之徒搞得纷乱不堪。至于到了腐败透顶的地步，没有毅然果断的人挺身而出就无法拯救，如果这样做还要因循守旧，不要更改以免拂逆别人的意见，不知这怎能做到。

在上者能使人忘其尊而亲之，可谓盛德也已。

译文

身份尊贵的人，能让人忘掉他身份的尊贵并且和他亲近，这就可以说是具有盛德了。

卷　六

人　情

无所乐，有所苦，即父子不相保也，而况民乎？有所乐无所苦，即戎狄且相亲也，而况民乎？

译　文

没有令人欢娱的事情，尽是艰难困苦，即使是父子关系也不会长久，更何况一般百姓呢？没有痛苦，只有欢乐，即使是少数民族也能相亲相爱，更何况一般百姓呢？

世之人，闻人过失，便喜谈而乐道之。见人规己之过，既掩护之，又痛疾之。闻人称誉，便欣喜而夸张之。见人称人之善，既盖藏之，又搜索之。试思这个念头，是君子乎，是小人乎？

译　文

世上的人，听到别人有过失，就喜欢到处谈论传播。听到别人指责自己的过失，既竭力掩盖又非常反感。听到别人夸奖自己，就骄傲得意并且夸大其词。听见称赞他人的仁善，就极力回避掩盖，继而吹毛求疵挑毛病。试想：怀有这种念头的是君子，还是小人呢？

乍见之患，愚者所惊；渐至之殃，智者所忽也。以愚者而当智者之所忽，可畏哉！

译　文

突然出现的祸患，愚笨者只会惊慌失措；缓缓而来的祸殃，聪明的人也会忽略。如果愚笨者碰到聪明的人都会忽略的缓缓而来的祸殃，那就太可怕了！

论人情只往薄处求，说人心只往恶边想。此是私而刻的念头，自家便是个小人。古人责人每于有过中求无过，此是长厚心，盛德事。学者熟思，自有滋味。

译　文

谈论人情的时候总是往冷漠的方面去设想，评论人心的时候总是往坏的方面去猜测。这是既自私又刻薄的念头，其实自己就是个小人。古人指责别人时，总是从过失中寻找没有过错的理由，这是长厚之心，品德高尚的行为。求学的人要好好体会，自会悟出其中滋味。

人说己善则喜，人说己过则怒，自家善恶，自家真知，待祸败时，欺人不得。人说体实则喜，人说体虚则怒，自家病痛，自家独觉，到死亡时，欺人不得。

译文

听到别人说自己好就很高兴，听到别人说自己不好就很生气，其实，自己的好、坏，自己才真正知道，等到祸患已经酿成时，就不能再欺骗别人了。听到别人说自己身体好就很高兴，听到别人说自己身体不好就很生气，自己的病痛，只有自己才知道，等到了死亡的时候，就没有办法欺骗别人了。

迷莫迷于明知，愚莫愚于用智，辱莫辱于求荣，小莫小于好大。

译文

最大的执迷是明知还执迷不悟，最大的愚蠢是施展计谋，最大的耻辱是忍辱求荣，最卑微的是好大喜功。

两人相非，不破家不止，只回头认自家一句错，便是无边受用；两人自是，不反面稽唇不止，只温语称人一句好，便是无限欢欣。

译文

两人互相指责，不闹到家破人亡不会罢休，事实上，只要退一步，自己承认一句错误，就会有非常大的好处；两人都自以为是，一直要到反唇相讥才肯罢休，事实上，只要温和地称赞对方一句，双方都会十分欢喜。

将好名儿都收在自家身上，将恶名儿都推在别人身上，此天下通情。不知此两个念头都揽个恶名在身，不如让善引过。

译文

把好名声都归于己有，把恶名声都推给别人，这是天下人的通常行为。岂不知这两个念头，最终都会把坏名声揽到自己的身上，倒不如把好名声让给别人把过错留给自己。

露己之美者恶，分人之美者尤恶，而况专人之美、窃人之美乎？吾党戒之。

译文

显示自己好处的人可恶，分得别人好处的人更可恶，更何况占据别人的美名、窃取别人的美名呢？我们应戒除这样的行为。

守义礼者，今人以为倨傲，工谀佞者，今人以为谦恭。举世名公达宦自号儒流，亦迷乱相责而不悟，大可笑也。

译文

恪守义礼的人现在被看作自高自大，阿谀奉承的人现在被看作谦虚恭敬。世上的达官名人都自称儒门之士，也胡乱相互指责而自己不能醒悟，可笑至极。

爱人以德而令之仇，人以德爱我而仇之，此二人者皆愚也。

译文

以德行去爱护别人而被仇视，别人用德行爱护我而被我仇视，这两种人都是蠢人。

无可知处，尽有可知之人而忽之，谓之瞽[1]；可知处，尽有不可知之人而忽之，亦谓之瞽。

注释

①瞽：眼盲。

译文

没有可知的地方，又有的是知道的人，对比却视而不见，这样的人叫作盲人；有可知的地方，又有的是不知道的人，对此却视而不见，这样的人也叫盲人。

朝廷法纪做不得人情，天下名分做不得人情，圣贤道理做不得人情，他人事做不得人情，我无力量做不得人情。以此五者徇人，皆妄也，君子慎之。

译文

不能以国家法纪做人情，不能以天下名分做人情，不能以圣贤道理做人情，不能以他人之事做人情，自己没有力量不能做人情。用这五样做人情，都是妄动，君子应谨慎对待。

古之君子不以其所能者病人，今人却以其所不能者病人。

译文

古时的君子不拿自己的所长诟病别人，现在的人却往往拿自己的短处责备别人。

古人名望相近则相得。今人名望相近则相妒。

译文

古代的人们名誉声望愈是接近就愈亲近。现在名望相近的人就会相互嫉妒。

福莫大于无祸，祸莫大于求福。

译文

福泽没有比无祸少灾更大，灾祸没有比妄求福泽更大。

言在行先，名在实先，食在事先，皆君子之所耻也。

译文

言谈在行为的前面，名誉在事实的前面，利益在功绩的前面，这都是君子所不齿的。

两悔无不释之怨，两求无不合之交，两怒无不成之祸。

译文

双方都后悔退让就没有不能解开的仇怨，双方都需要就没有不能合作的交易，双方都愠怒就没有不能酿成的灾祸。

己无才而不让能，甚则害之；己为恶而恶人之为善，甚则诬之；己贫贱而恶人之富贵，甚则倾之。此三妒者，人之大戮也。

译文

自己没有才，却不让给有能之人，甚至残害有能之人；自己作恶多端，却憎恶别人做好事，甚至诬蔑别人；自己一贫如洗，却嫉恨别人的富贵，甚至倾陷中伤。怀有这三种妒忌念头的人，是最危险的害人者。

以患难时心居安乐，以贫贱时心居富贵，以屈局时心居广大，则无往而不泰然。以渊谷视康庄，以疾病视强健，以不测视无事，则无往而不安稳。

译文

以患难时的心态居于安乐之中，以贫贱时的心态享受富贵，以委曲局促的心情对待广大之物，就会无不泰然自得。以深渊峡谷来看待康庄大道，以痼疾沉疴来看待强壮健康，以突然事变来看待太平无事，这样在任何环境下都会平安稳定。

不怕在朝市中无泉石心[①]，只怕归泉石时动朝市心。

注释

①**朝市**：指在朝廷和闹市。**泉石**：指隐居。

译文

不怕在熙熙攘攘的名利场中没有淡泊名利的决心，只怕回到山林中隐居时又被熙熙攘攘的名利所动摇。

人皆知少之为忧，而不知多之为忧也。惟智者忧多。

译文

人们都知道少令人担忧，却不知道多也值得忧虑。只有智慧的人对于多忧心忡忡。

众恶之必察焉，众好之必察焉，易；自恶之必察焉，自好之必察焉，难。

译文

大家都厌恶的很容易感受到，大家都喜好的也很容易察知；自己厌恶的自己省察，自己喜好的自己省察，这是很难做到的。

有人情之识，有物理之识，有事体之识，有事势之识，有事变之识，有精细之识，有阔大之识。此皆不可兼也，而事变之识为难，阔大之识为贵。

译文

有对人情的认识，有对物理的认识，有对事体的认识，有对事势的认识，有对事变的知识，有对精细的事物的知识，有对阔大之物的知识。这都不可兼得，其中事变的见识最为困难，广阔的见识最为可贵。

圣人之道，本不拂人，然亦不求可人[1]。人情原无限量，务可人不惟不是，亦自不能，故君子只务可理。

注释

①**可人**：使人惬意。

译文

圣人之道，本不拂逆众人，但也不追求讨好别人。人情本来没有限量，完全顺乎人情不但不正确，而且也不可能。因此正人君子只是务求合乎道理。

施人者虽无已，而我常慎所求，是谓养施；报我者虽无已，而我常不敢当，是谓养报。此不尽人之情，而全交之道也。

译文

施舍别人的人虽然没有限量，但我却要慎于要求，这叫作养施；报答我的人虽然觉得永远也报答不完，但我却常常不敢接受，这叫作养报。这样做不把人情用尽，是有利于保全交情的方法。

攻人者，有五分过恶，只攻他三四分，不惟彼有余惧，而亦倾心引服，足以塞其辩口；攻到五分，已伤浑厚，而我无救性矣。若更多一分，是贻之以自解之资，彼据其一而得五，我贪其一而失五矣，此言责家之大戒也。

译文

攻击别人时，别人如果有五分过错，只指出三四分就行了，这样不仅他心有余惧，而且也会心服口服，不再争辩；如果全部指出，已经不浑厚了，自己也没有补救回旋的余地了。假如再多指责一分，就给了对方自我辩解的根据，对方以这一分推翻了其余的五分，而自己因为贪得这一分失去了五分，这种话是欲责备他人者最要戒禁的。

见利向前，见害退后，同功专美于己，同过委罪于人，此小人恒态，而丈夫之耻行也。

译文

见到利益就向前，见到害处就畏缩，与他人共同建立的功绩却专门抬高自己，与他人共同犯了过错却一味推卸给他人，这是小人的常态，大丈夫耻于这样做。

任彼薄恶，而吾以厚道敦之，则薄恶者必愧感，而情好愈笃。若因其薄恶也，而亦以薄恶报之，则彼我同非，特分先后耳，毕竟何时解释[1]？此庸人之行，而君子不由也。

注释

①**解释**：消除，消释。

译文

不管对方怎样薄情，而自己用诚挚来使其感化，那么薄情的人必然会觉得惭愧，对自己的感情更加笃实。但如果由于别人的刻薄，我就以其人之道还治其人之身，那双方就都错了，只是先后不同，这样什么时候才能冰释前嫌呢？这是庸人的做法，君子不这样做。

恕人有六[1]：或彼识见有不到处，或彼听闻有未真处，或彼力量有不及处，或彼心事有所苦处，或彼精神有所忽处，或彼微意有所在处。先此六恕而命之不从，教之不改，然后可罪也已。是以君子教人而后责人，体人而后怒人[2]。

注释

①**恕人**：宽恕人。②**体人**：体谅人。

译文

有六种情况可以宽恕别人：对方见识有不到之处，对方听闻有失真的地方，对方力不能及，对方有难言之隐，对方偶然疏忽，对方有其他意思。先考虑符不符合这六种情况，而后不从命、不听教育的才能怪罪。因而君子先教育人，再责罚人；先体谅人，然后再怪罪于人。

直友难得，而吾又拒以讳过之声色；佞人不少，而吾又接以喜谀之意态。呜呼！欲不日入于恶也难矣。

译文

诚挚正直的朋友难得，而自己却用忌讳过错的样子加以拒绝；佞谄的人不少，而自己又用喜欢阿谀奉承的意态加以接受。唉！想不一天天变坏也难啊。

情不足而文之以言，其言不可亲也。诚不足而文之以貌，其貌不足信也。是以天下之事贵真，真不容掩，而见之言貌，其可亲可信也夫。

译文

感情不足却用言语掩饰，这样的话不会令人亲近。诚意不足却用言行举止来遮掩，这样的言行举止也不可信。所以天下的事情最可贵的是真实，真实不能被遮掩，会表现在言谈表情中，也就可亲可信了。

势、利、术、言，此四者公道之敌也。炙手可热，则公道为屈；贿赂潜通，则公道为屈；智巧阴投，则公道为屈；毁誉肆行，则公道为屈。世之冀幸受诬者不啻十五也，可慨夫！

译文

权势、利禄、谋诈、诡言，这四者是公道的大敌。炙手可热，公道就会歪曲；贿赂暗通，公道就会扭曲；智巧阴投，公道就会屈从；毁誉肆行，公道就会屈服。世上怀着侥幸的心理而受诬陷的不只十分之五，真可叹！

圣人处世，只于人情上做工夫，其于人情，又只于未言之先、不言之表上做工夫。

译文

圣人处世时专门研究人情，而研究人情，又只从未说之前的心底上、言谈之外的表示上下功夫。

美生爱，爱生狎，狎生玩，玩生骄，骄生悍，悍生死。

译文

美丽产生爱慕，爱慕造成狎近，狎近产生戏弄，戏弄产生骄妄，骄妄导致凶悍，凶悍导致死亡。

礼是圣人制的，情不是圣人制的，圣人缘情而生礼，君子见礼而得情，众人以礼视礼，而不知其情，由是礼为天下虚文，而崇真者思弃之矣。

译文

礼是由圣人制订的，但情不是圣人规定的。圣人依情感制订礼节，君子依礼而行就体验到情感，众人把礼仪单纯看成礼仪，而不知道其中的人情，那么礼仪就成了毫无意义的虚文，崇尚真实的人就会想方设法将其摒弃。

人到无所顾惜时，君父之尊不能使之严，鼎镬之威不能使之惧，千言万语不能使之喻，虽圣人亦无如之何也已。圣人知其然也，每养其体面，体其情私，而不使至于无所顾惜。

译文

人到了无所顾忌的时候，君王父亲的尊严也不能让他有丝毫敬畏，下锅煎烹的酷刑也不能让他恐惧，千言万语不能使他明白，即使是圣人也无可奈何。圣人知道是什么原因，所以常常顾全其体面，体谅其感情私欲，从而使其不至于到无所顾忌的地步。

称人以颜子，无不悦者，忘其贫贱而夭；称人以桀、纣、盗跖，无不怒者，忘其富贵而寿。好善恶恶之同然如此，而作人却与桀、纣、盗跖同归，何恶其名而好其实耶？

译文

称赞别人像孔子的弟子颜渊，没有不高兴的，忘记了颜渊的贫贱和早夭；把人称作夏桀、商纣、盗跖，没有不生气的，忘记了他们一生的富贵和长寿。喜好善、厌恶恶心的心理如此相同，而做人却像夏桀、商纣、盗跖一样，为什么会厌恶他们的名字，却和他们一样行事呢？

今人骨肉之好不终，只为看得尔、我二字太分晓。

译文

如今人们即使是亲生骨肉之间也不能终身和好，这就是把彼此看得太分明的缘故。

圣人制礼，本以体人情，非以拂之也。圣人之心非不因人情之所便而各顺之，然顺一时便一人，而后天下之大不顺便者因之矣。故圣人不敢恤小便拂大顺，徇一时，弊万世，其拂人情者，乃所以宜人情也。

译文

圣人制礼作乐，本意是体察人情，而不是拂逆人情。圣人的心思并不是不想随各自人情的方便，但若顺服一时、方便一人，以后天下的大不顺、大不便就归咎于此了。因此圣人不敢为了小的便利而违背大的趋势，为了一时而造成万世的弊病，圣人看上去违背人情的地方，实际上是为了顺应人情。

好人之善，恶人之恶，不难于过甚。只是好己之善，恶己之恶，便不如此痛切。

译文

喜好别人的优点，讨厌别人的缺点，不是太难。只是喜好自己的优点，讨厌自己的缺点，却不是那样容易。

人之情有言然而意未必然，有事然而意未必然者，非勉强于事势则束缚于体面。善体人者，要在识其难言之情，而不使其为言与事所苦，此圣人之所以感人心，而人乐为之死也。

译文

人们的情感，有的表面上说是这样，而其人的本意并非是这样，有的事实已经如此，而其人的意愿并非是那样，其中的缘故不是被时势所勉强，就是被体面所束缚。善于体察人心的人，关键在于体谅别人难言的感情，不让他被言和事困扰，这就是圣人能感化人心，人们乐于为之赴汤蹈火的原因。

人情愈体悉，愈有趣味；物理愈玩索，愈有入头。

译文

人情认识得愈深刻，就会愈加感到趣味无穷；万物事理研究得越透彻，就会感到愈加有意思。

不怕多感，只怕爱感。世之逐逐恋恋，皆爱感者也。

译文

不怕感情丰富，只怕过于敏感。世人追求爱恋，都是过于敏感的缘故。

人情之险也极矣。一令贪，上官欲论之，而事泄，彼阳以他事得罪，上官避嫌，遂不敢论，世谓之箝口计。

译文

人情的险恶真是到了极点啊。一个县令贪污，上级想治他的罪，却不慎走漏了风声，这个县令就佯装因为其他事得罪了上级，上级为了避嫌，就搁置不论，世人称这种方法为箝口计。

物　理

春夏秋冬，不是四个天；东西南北，不是四个地；温凉寒热，不是四个气；喜怒哀乐，不是四个面。

译文

春夏秋冬，不是四个互不相同的天；东西南北，不是四个互不相干的地；温凉寒热，不是四种互不相通的气候；喜怒哀乐，不是四张互不相交的面孔。

临池者不必仰观，而日月星辰可知也；闭户者不必游览，而阴晴寒暑可知也。

译文

站在池塘边的人不必抬头，就能（从水面）见到日月星辰；闭门在家的人不必出去旅游，就能体验到阴晴寒暑。

先得天气而生者，本上而末下，人是已。先得地气而生者，本下而末上，草木是已。得气中之质者飞，得质中之气者走，得浑沦磅礴之气质者为山河、为巨体之物，得游散纤细之气质者为蠛蠓蚊蚁蠢动之虫、为苔藓萍蓬藂蕞之草。

译文

先得到天气而产生的，是上本下末的人类。先得到地气而产生的，是上末下本的草木。得到气中之质就能够飞翔，得到质中之气就能走动，得到雄浑磅礴的气质就形成山河、成为形体巨大的东西，得到游散纤细的气质就成为蠛蠓蚊蚁等蠢动的昆虫、成为苔藓萍蓬藂蕞等植物。

入钉惟恐其不坚，拔钉惟恐其不出。下锁惟恐其不严，开锁惟恐其不易。

译文

钉钉子唯恐它不牢固，拔钉子唯恐它不出来。上锁时唯恐它不严实，开锁时唯恐它不好开。

以恒常度气数，以知识定窈冥，皆造化之所笑者也。造化亦定不得造化，尚听命于自然，而况为造化所造化者乎？堪舆星卜诸书[①]，皆屡中者也。

注释

①**堪舆**：相地看风水。

译文

以恒常不变的东西度量气数，以知识来确定窈冥难知的事物，都会被造化所取笑。造化也不能确定自身，还要听命于自然，何况为造化所造化的东西呢？相地、看风水、卜星的各种书，都被屡猜屡中。

火不自知其热，冰不自知其寒，鹏不自知其大，蚁不自知其小，相忘于所生也。

译文

火不知道自己的炽热，冰不知道自己的严寒，大鹏不知道自己的巨大，蚂蚁不知道自己体形的微小，这都是忘却自己所生之根的缘故。

声无形色，寄之于器；火无体质，寄之于薪；色无着落，寄之草木。故五行惟火无体而用不穷。

译文

声音没有形态、颜色，寄藏在器物之中；火焰没有实体、内容，寄藏在柴薪之中；颜色没有构成自己的物质，寄藏在草木之中。因而五行当中只有火没有形体而用之无穷尽。

大风无声，湍水无浪，烈火无焰，万物无影。

译文

风过大的时候没有声音，水过急的时候就没有浪花，火过烈的时候就没有火焰，物过多的时候就没有形影。

万物得气之先。

译文

万物禀受了先天的气。

无功而食，雀鼠是已。肆害而食，虎狼是已。士大夫可图诸座右。

译文

无功而获得食物，就像麻雀和老鼠。肆意害物而获得食物，就像虎狼一样。做官的人可以以此作为自己的座右铭。

薰香莸臭[①]，莸固不可有，熏也是多了的，不如无臭。无臭者，臭之母也。

注释

①**薰**：香草。**莸**：臭草。

译文

薰发出香气，莸发出臭气，莸固然应该没有，薰也不应该太多了，不如没有气味。没有气味，是产生一切气味的始祖。

圣人因蛛而知网罟，蛛非学圣人而布丝也。因蝇而悟作绳，蝇非学圣人而交足也，物者天能，圣人者人能。

译文

圣人看到蜘蛛结网，学会了制作渔网，但蜘蛛却不是学习圣人才知道如何结网的。圣人看到蝇子结绳，学会了结绳的方法，但蝇子却不是学习圣人才知道如何结绳的，动物具有天然的技能，圣人具有人的技能。

执火不焦指，轮圆不及下者，速也。

译文

手执火焰却不被烧着，车轮旋转却不会从车上掉下，是速度快的缘故。

广　喻

凡病人面红如赭、发润如油者不治，盖萃一身之元气血脉尽于面目之上也。呜呼！人君富，四海贫，可以惧矣！

译文

当一个人面如红土、头发像涂了油似的，就表明其人已经病入膏肓而不可医治了，因为人身上所有的元气、血脉都集中到了面目之上。唉！君主富裕，百姓却贫穷，也一样可怕啊！

有国家者，厚下恤民，非独为民也。譬之于墉[1]，广其下削其上，乃可固也。譬之于木，溉其本剔其末[2]，乃可茂也。夫墉未有上丰下狭而不倾，木未有露本繁末而不毙者。可畏也夫！

注释

①墉：城墙。②溉：浇灌。

译文

治理国家的人，体恤下民，不仅仅是为了百姓。就像修筑城墙，下面宽厚上面狭长才能坚固。就像树木，灌溉根部整修枝干，才能够茂盛。没有城墙上大下小而不倾倒的，没有树木露根繁枝而不枯死的。这真是可怕啊。

天下之势，积渐成之也，无忽一毫。舆羽折轴者[1]，积也。无忽寒露，寻至坚冰者，渐也。自古天下国家、身之败亡，不出"积渐"二字，积之微，渐之始，可为寒心哉！

注释

①舆：装载。

译文

天下的形势，是逐渐积累而成的，不应忽视一丝一毫。满载羽毛而使车轴折断，是由于积累造成的。不要忽略寒露，不久就会凝固成坚冰，这也是积累的结果。自古以来，天下国家、自身成败，都逃不出"积累"这两个字，从很小的方面逐渐积累，就可能导致很危险的后果！

火之大灼者无烟，水之顺流者无声，人之情平者无语。

译文

火势大的时候不会冒烟，水顺流的时候没有声音，人性情平和的时候不会说话。

风之初发于谷也，拔木走石，渐远而减，又远而弱，又远而微，又远而尽，其势然也。使风出谷也，仅能振叶拂毛，即咫尺不能推行矣。京师号令之首也，纪法不可以不振也。

译文

风起初由山谷而生，把树木、石头都吹走了，随着距离变远，风势就渐渐减弱，越远越弱，越远越微，越远越尽，这是风势使然呀。如果风刚出山谷，只能振叶拂毛，那就一尺也前进不了。京师是最初发出号令的地方，法律不可以没有影响力啊。

背上有物，反顾千万转而不可见也，遂谓人言不可信。若必待自见，则无见时矣。

译文

自己后背有东西，回头看了千万次也看不见，就说别人的话不可信。如果凡事都要亲眼看见，那就不知道什么时候能看见了。

人有畏更衣之寒，而忍一岁之冻，惧一针之痛，而甘必死之疡者。一劳永逸，可与有识者道。

译文

有的人害怕换衣服的寒冷而忍受一年的寒冷，有的人害怕一针治疗的疼痛而甘愿死于疾病。一劳永逸，只能和有见识的人谈论。

齿之密比[1]，不嫌于相逼，固有故也。落而补之，则觉有物矣。夫惟固有者，多不得，少不得。

注释

①**密比**：紧密排列在一起。

译文

牙齿紧密排列，不觉得互相挤压，是因为它是天生的。如果脱落了一颗再补上，就会感觉有异物。因此固有的东西不能多，也不能少。

婴珠珮玉，服锦曳罗，而饿死于室中，不如丐人持一升之粟。是以明王贵用物，而诛尚无用者。

译文

佩戴珠玉，身着锦缎，却饿死在房中，不如乞丐手持一升的粟米。因此明达的君王注重有实用价值的东西，而诛灭那些崇高没有实用价值的东西的人。

元气已虚，而血肉未溃，饮食起居不甚觉也。一旦外邪袭之，溘然死矣[1]。不怕千日怕一旦，一旦者，千日之积也。千日可为，一旦不可为矣。故慎于千日，正以防其一旦也。有天下国家者，可惕然惧矣。

注 释

①**溘然**：忽然。

译 文

元气已经虚弱，血肉却未溃烂，饮食起居时还未曾发觉。一旦受到外部的邪气的袭击，就会突然死亡。有些人不在乎千日而只注重一时，所谓一时，实际是千日的积累。千日可以预防，而一时就没有办法预防。因此要慎重对待千日，正是要防止一时。治理天下国家的人，应当保持警惕。

以果下车驾骐骥[1]，以盆池水养蛟龙，以小廉细谨绳英雄豪杰，善官人者笑之。

注 释

①**果下车**：矮小的马驾的车，乘之可行于果树之下。**骐骥**：良马。

译 文

用小车驾驭骐骥，用一盆池水养育蛟龙，用小节来约束英雄豪杰，会令善于提拔官员的人感到可笑。

水千流万派，始于一源；木千枝万叶，出于一本。人千酬万应，发于一心；身千病万症，根于一脏。眩于千万，举世之大迷也。直指源头，智者之独见也。故病治一而千万皆除，政理一而千万皆举矣。

译 文

水有千支万岔，但是都从一个源泉而来；树有千枝万叶，都由一个根茎生出。人的各种应酬，都是发自一个人的心境；身体患有千病万症，都是由于一个脏器出问题的缘故。受到千万的迷惑，是举世的大迷。直指源头，是智者独到的见识。因而治病抓住根本，千万种症状都会消失，政治抓住关键，就会万事兴举。

水、鉴、灯烛、日月、眼，世间惟此五照，宜谓五明。

译 文

水、镜、灯烛、日、月、眼睛，世界上只有这五种照明的光亮，可称作五明。

毫厘之轻，斤钧之所藉以为重者也。合勺之微，斛斗之所赖以为多者也。分寸之短，丈尺之所需以为长者也。

译文

毫厘虽然很轻，但是斤钧都是靠它的积累而成为重的。合勺的分量虽然微小，但斛斗的容量却是由它填成的。分寸虽然短，但丈尺的长度是由它连接而成的。

人中黄之秽[①]，天灵盖之凶，人人畏恶之矣。卧病于床，命在须臾，片脑、苏合、玉屑、金箔，固有视为无用之物，而唯彼之亟亟者，时有所需也。胶柱用人于缓急之际，良可悲矣！

注释

①**人中黄**：人的粪便。

译文

人的粪便那样的污秽之物，天灵盖那样的可怕之物，人人都会害怕、厌恶。卧病在床，命在旦夕，片脑、苏合、玉屑、金箔这些名贵药材竟然不合用，而只是急于寻找人粪便、天灵盖这些秽物，这是因为此时需要。在急迫用人之际还不采取灵活的态度，真是太可悲了！

长戟利于锥，而戟不可以为锥；猛虎勇于狸，而虎不可以为狸。用小者无取于大，犹用大者无取于小，二者不可以相消也。

译文

长戟比锥子锋利，可是长戟却不能当作锥子使用；猛虎比狸猫勇敢，可猛虎却不能当作狸猫来捕鼠。作用小的东西不能取代大的，就像大材也不能小用，两者并不互相抵消。

夭乔之物利于水泽[①]，土燥烈，天暵干，固枯槁矣。然沃以卤水则黄，沃以油浆则病，沃以沸汤则死，惟井水则生，又不如河水之王[②]。虽然，倘浸渍汪洋，泥淖经月，惟水物则生，其他未有不死者。用恩顾不难哉[③]

注释

①**夭乔**：盛大的样子。②**王**：通“旺”。③**顾**：乃。

译文

茂盛的植物在水边容易繁茂，如果土地燥烈，天气干旱，就会枯死。如果用盐水浇灌就会变黄，用油水浇灌就会生病，用开水浇灌就会死亡，只有用井水浇灌才利于生长，但又不如河水长得茂盛。可是，倘若汪洋一片，整月到处是泥泞沼泽，那么只利于水生植物生长，其他植物就没有不死亡的了。因此，实施恩惠也是多么难啊！

鉴不能自照，尺不能自度，权不能自称，囿于物也[①]。圣人则自照、自度、自称，成其为鉴、为尺、为权，而后能妍媸、长短、轻重天下。

注释

①**囿**：局限。

译文

镜子不能反照自身，尺子不能度量自己，秤不能称出自己的重量，因为它们都不过是物品。圣人却能自照、自度、自称，成为镜子、尺和秤，之后才能判断天下万事万物的美丑、长短、轻重。

冰凌烧不熟，石砂蒸不粘。

译文

冰凌是烧不熟的，石头、砂粒是再怎么蒸也不会粘连在一起的。

大车满载，蚊蚋千万集焉，其去其来，无加于重轻也。

译文

满载的大车，即使有千万只蚊蚋附于车上，来来去去，对大车也没有轻重的影响。

苍松古柏与夭桃秾李争妍，重较鸾镳与冲车猎马争步[①]，岂直不能，亦可丑矣。

注释

①**重较**：古代卿士所乘之车。**鸾镳**：系鸾铃的马衔，指贵族出游所骑之马。**冲车**：攻城用的破车。**猎马**：指打猎者所骑的马。

译文

苍松古柏和妖艳的桃李比艳丽，笨重的车骑要与冲车猎马比速度，这不仅不可能，简直是自己出自己的丑。

射之不中也，弓无罪，矢无罪，鹄无罪。书之弗工也，笔无罪，墨无罪，纸无罪。

译文

射不中，不能责怪弓、箭和箭靶。字写得不工整，不能怪罪笔、墨和纸。

锁钥各有合，合则开，不合则不开，亦有合而不开者，必有所以合而不开之故也。亦有终日开，偶然抵死不开，必有所以偶然不开之故也。万事必有故，应万事必求其故。

译文

钥匙和锁各自有不同的组合，组合的是一对就能够打开，组合的不是一对就不能打开。当然也有组合是一对而不能打开的，那么这不能打开必定有其缘故。也有每天都能打开，但偶然就是打不开的，其中必有偶然打不开的原因。万事都有原因，应付万事要找准原因。

窗间一纸，能障拔木之风；胸前一瓠，不溺拍天之浪，其所托者然也。

译文

窗间的一张纸，能抵挡拔倒树木的大风；胸前的一个木瓠，可以使人在惊涛巨浪中不被淹死，这是因为所依靠的东西是对的。

海投以污秽，投以瓦砾，无所不容；取其宝藏，取其生育，无所不与。广博之量，足以纳触忤而不惊①；富有之积，足以供采取而不竭。圣人者，万物之海也。

注释

①触忤：冒犯。

译文

大海中常被投掷污秽之物和瓦砾，没有它不能容纳的东西；而人们常从大海中获取宝藏和生物，没有它不能给予的东西。大海之广博，足以容纳人们的取予，碰上忤逆也不惊惧；富有的积累，足以供人们采取而不会枯竭。圣人就像容纳万物的大海。

镜空而无我相，故照物不爽分毫。若有一丝痕，照人面上便有一丝，若有一点瘢，照人面上便有一点，差不在人面也。心体不虚，而应物亦然。故禅家尝教人空诸有[①]，而吾儒惟有喜怒哀乐未发之中，故有发而中节之和。

注释

①**诸有**：所有有形色之物。

译文

镜中空空，没有自我的影像，照它物才能毫厘不差。如果有一丝裂痕，照人脸上就会有一丝，如果有一个斑点，照人脸上就有一点，错误不出在人脸上。只要心体不虚，而所应的事物也会是那样。因此佛家教导人们对于万事万物持虚空的态度，而我们儒家讲究将喜怒哀乐藏于未发之中，所以发出之时又有中节之和。

恶言如鸱枭之嗷[①]，闲言如燕雀之喧，正言如狻猊之吼[②]，仁言如鸾凤之鸣。以此思之，言可弗慎欤？

注释

①**鸱枭**：猫头鹰。②**狻猊**：狮子。

译文

恶言恶语就像猫头鹰的号叫，闲言碎语就像燕雀的喧闹，正言直语就像狮子的吼叫，仁言义语就像凤凰的鸣叫。以这些来考虑，那么各种言谈话语怎么可以不慎重呢？

掷发于地，虽乌获不能使有声；投核于石，虽童子不能使无声。人岂能使我轻重哉？自轻重耳。

译文

把头发扔在地上，即使力大如乌获也不能使它发出声音；把核桃扔在石头上，即使是小孩子也不能使它没有声音。他人怎么能够使我感到自身有价值或者没有价值呢？这只是自己使自己有价值或者没有价值罢了。

日食脍炙者，日见其美，若不可一日无。素食三月，闻肉味只觉其腥矣。今与脍炙人言腥，岂不讶哉！

译文

每天吃美味的佳肴，总是觉得好吃，好像一天没有也不行。吃素三个月，闻到肉味只觉得它腥味十足。而今和吃惯肉食的人谈论腥，岂不令人惊讶！

家家有路到长安，莫辨东西与南北。

译文

条条大路通长安，不管东西和南北。

> **长　安**
>
> 长安是我国历史上一座著名的都城。其地点由于历史原因有过迁徙，但大致都位于现在陕西的西安和咸阳附近。先后有17个朝代及政权建都于长安，总计建都时间超过1200年。它是我国历史上建都朝代最多和影响力最大的都城。位列中国四大古都之首，同时也是与雅典、罗马和开罗齐名的世界四大文明古都之一。

一薪无焰，而百枝之束燎原；一泉无渠，而万泉之会溢海。

译文

一根木柴不会燃成火焰，百根木柴就能生出燎原的大火；一口泉水不会形成沟渠，而万条泉水汇合就能溢满大海。

钟一鸣，而万户千门有耳者莫不入其声，而声非不足。使钟鸣于百里无人之野，无一人闻之，而声非有余。钟非人人分送其声而使之入，人人非取足于钟之声以盈吾耳，此一贯之说也。

译文

钟一鸣响，千门万户有耳朵的人都能听到，音量也不会不足。但若在百里无人的野地敲钟，没有一个人能听到，声音也不会有余。钟声并没有把声音分开送到每一个人的耳朵里，每个人也并非把全部钟声都听进去而使钟声充盈耳畔，这是一以贯之的说法。

未有有其心而无其政者，如渍种之必苗①，爇浊兰之必香②。未有无其心而有其政者，如塑人之无语③，画鸟之不飞。

注释

①**渍种**：浸种。②**爇**（ruò）：点燃，燃烧。③**塑人**：泥塑的偶人。

译文

没有认真用心却毫无成就的，如浸种子就必然会长苗，燃兰必然会飘香。没有无所用心却功勋卓著的，就像泥塑之人不会说话，画中之鸟不会飞翔。

某尝与友人论一事，友人曰："我胸中自有权量。"某曰："虽妇人孺子，未尝不权量，只怕他大斗小秤。"

译文

我曾和友人一起讨论一件事情，友人说："我心中自有分寸。"我说："即使妇人小孩，也不会不考虑，区别只在于这主张的大与小上。"

鼾鼾惊邻[1]，而睡者不闻；垢污满背，而负者不见。

注释

①**鼾鼾**：睡觉时的鼻息声。

译文

打呼噜把别人惊醒的人，自己听不见；一个人满背都是污垢，他却浑然不知。

爱虺蝮而抚摩之[1]，鲜不受其毒矣。恶虎豹而搏之，鲜不受其噬矣[2]。处小人，在不远不近之间。

注释

①**虺蝮**：毒蛇。②**噬**：咬。

译文

喜爱毒蛇而用手抚摸，很少有不被毒蛇咬伤的。厌恶虎豹而与之搏斗，很少有不被吞噬的。与小人相处，应当若即若离。

玄奇之疾，医以平易。英发之疾，医以深沉。阔大之疾，医以充实。

译文

奇怪的疾病，却用平常之法医治。外露的毛病，却用深沉的方法医治。阔大的毛病，却用充实的方法医治。

不远之复，不若未行之审也。

译文

走不远就回头，倒不如在没有走之前就考虑周密。

千金之子，非一日而贫也。日朘月削[①]，损于平日，而贫于一旦。不咎其积，而咎其一旦，愚也。是故君子重小损，矜细行，防微敝。

注释

①朘(juān)：减。

译文

有千金万银的人，并不是一天就可以变穷的。每日每月地浪费，平时奢侈无度，而终有一天贫穷了。如果不指责其平时的浪费奢侈，而把一切都归罪于最后的那一天，就简直太愚蠢了。因而君子重视细小的损失，珍惜细小的行为，防微杜渐。

上等手段用贼，其次拿贼，其次躲着贼走。

译文

上等的手段是用贼，其次是捉贼，最次是躲避。

曳新屦者，行必择地。苟择地而行，则屦可以常新矣。

译文

穿新鞋的人，走路时必然会选择没有泥泞的道路走。如果走路时择道而行，那么鞋子就能在较长一段时间里保持崭新。

被桐以丝，其声两相借也。道不孤成，功不独立。

译文

在桐木上安上丝弦做成琴，琴声是桐木和丝弦共鸣而发出的。因而道不孤立而成，功业不能独自成就。

坐对明灯，不可以见暗，而暗中人见对灯者甚真。是故君子贵处幽。

译文

对着明灯而坐，看不见幽暗之处，而处在暗处的人却能真切地看见与灯对坐的人。因此君子最重要的是经常处于幽暗之处。

无涵养之功，一开口动身便露出本象，说不得你有灼见真知。无保养之实，遇外感内伤依旧是病人，说不得你有真传口授。

译文

没有涵养的功夫，一言一行便会露出真相，说不上有什么真知灼见。没有实际的保养，遇到外感内伤就依旧是病人，说不上有养生的真传妙诀。

磨墨得省身克己之法，膏笔得用人处事之法，写字得经世宰物之法。

译文

磨墨可以悟出修身养性的方法，从醮笔可以悟出用人处事的方法，在写字的时候可以省悟到经世致用的方法。

不知天地观四时，不知四时观万物。四时分成是四截，总是一气呼吸。譬如釜水寒温热凉，随火之有无而变，不可谓之四水。万物分来是万种，总来一气薰陶。譬如一树花，大小后先，随气之完欠而成，不可谓之殊花。

译文

不知道天地而观四时，不知道四时而观万物。四时分为四段，总的说来是一气所成。就如同锅中的水寒温热凉，随火的有无而变化，但不是四种水。万物划分起来有万种，然而总归是由气熏陶而成。譬如一树花卉，大小先后，随着气的完美和欠缺形成，也不能因此说那是一树不同的花卉。

或问：士希贤，贤希圣，圣希天，何如？曰："体味之不免有病，士、贤、圣皆志于天，而分量有大小，造诣有浅深者也。譬之适长安者，皆志于长安，其行有疾迟，有止不止耳。若曰跬步者希百里[1]，百里者希千里，则非也。故造道之等，必由贤而后能圣，志之所希，则合下便欲与圣人一般。"

注释

①跬步：半步。

译文

有人问：读书人希望成为贤人，贤人希望成为圣人，圣人希望达到知天的境界，为什么这样？我答道："仔细体会，这种观点不免有问题，士、贤、圣都希望知天，但每人分量有大小，造诣有深浅。譬如要去长安的人，目标都是长安，但速度有快慢，有停止和不停止的。如果说走了半步的人只希望走一百里，走了一百里的人只希望走一千里，这就不一样了。因此说道德的造诣，必须先由贤人而后才能达到圣人，但内心的志向却是和圣人一样的。"

一法立而一弊生，诚是。然因弊生而不立法，未见其为是也。夫立法以禁弊，犹为防以止水也。堤薄土疏，而乘隙决溃，诚有之矣，未有因决而废防者。无弊之法，虽尧舜不能；生弊之法，亦立法者之拙也。故圣人不苟立法，不立一事之法，不为一切之法，不惩小弊而废良法，不为一时之弊而废可久之法。

译文

一个法律确立就会产生一种弊端，确实如此呀。然而因为产生弊端而不制定法律，不见得正确。确立法律是为了禁止弊端，就像防止发水一样。堤坝上的土稀薄、松散，水乘势决堤，也是有的，但没见过因为决堤而不筑堤防的人。没有弊病的法令，就是尧舜也不能制定；而制定出滋生弊病的法令，也显出立法者的蠢笨。所以圣人不随随便便地设立法令，不为一件事单独立法，也不立那种一切包治的法令，不因为一点小毛病就废除一种好法令，也不会因为一时有弊端而废除可长久有利的法令。

庙堂之上，最要荡荡平平，宁留有余不尽之意，无为一著快心之事。或者不然予言，予曰："君见悬坠乎？悬坠者，以一线系重物下垂，往来不定者也。当两壁之间，人以一手撼之，撞于东壁重，则反于西壁亦重。无撞而不反之理，无撞重而反轻之理。待其定也，中悬而止。君快于东壁之一撞，而不虑西壁之一反乎？国家以无事为福，无心处事，当可而止，则无事矣。"

译文

在朝廷上最应该心怀坦荡，宁可留有余地和不尽之意，也不应该为了心里痛快而轻易发表不成熟的言论。或许有人不同意我的话，我说："您看见过悬坠吗？悬坠，就是用一条线悬挂一个重物，下垂后摇摆不定。当这个悬坠处于两壁之间的时候，人用一只手推它，它撞在东边的墙壁上重，反弹到西边墙壁上的力量也重。没有不撞而反弹的道理，也没有重撞而轻反弹的道理。当其稳定下来后，会垂直停止。您怎么可以为了在东壁上撞得快意而忽视在西壁的反弹效果呢？国家以无事为福，讲究无为而治，处理国事，适可而止，那样就不会有祸事发生了。”

四时之气，先感万物，而万物应，所以应者何也？天地万物一气也。故春感而粪壤气升，雨感而础石先润，磁石动而针转，阳燧映而火生[①]，况有知乎？格天动物，只是这个道理。

注释

①**阳燧**：以日光取火的凹面铜镜。

译文

四季的气候，先感于万物，而万物就有所反应，为什么会有反应呢？是因为天地都是由一种气虚化而成的。因此，春天到来粪土之气会上升，雨水感化房子的基石就会湿润，磁石转动铁针就会旋转，阳光照射阳燧镜就会产生火苗，何况有知觉的东西呢？天地间的格物之致都是这个道理。

积衰之难振也，如痿人之不能起[①]。然若久痿，须补养之，使之渐起；若新痿，须针砭之，使之骤起。

注释

①**痿**：身体肌肉萎缩，偏枯之症。

译文

积衰难以再振作，如同瘫痪一样不能再起。如果瘫痪时间长了，必须进行补养，可使其慢慢恢复；倘若是新瘫痪的人，就必须针灸，使其马上好起来。

器械与其备二之不精，不如精其一之为约。二而精之，万全之虑也。

译文

与其准备两种都不精良的器械，不如准备一种精良的器械小心使用。如果两种都是精良的，则是万全之策的考虑。

词　章

六经之文，不相师也，而后世不敢轩轾①。后之为文者，吾惑矣。拟韩临柳，效马学班，代相祖述，窃其糟粕，谬矣。夫文以载道也，苟文足以明道，谓吾之文为六经可也，何也？与六经不相叛也。否则，发明申、韩之学术，饰以六经之文法，有道君子以之覆瓿矣②。

六　经

六经指六部儒家经典，即经过孔子整理而传授的六部先秦古籍：《诗经》《尚书》《仪礼》《乐经》《周易》《春秋》（其中《乐经》已失传，后世通常称“五经”）。《三字经》曾讲：“诗书易，礼春秋，号六经，当讲求。”

注释

①**轩轾**：高低。这里用作动词，评论高低。②**覆瓿**：比喻价值不高，只能用来覆盖酱罐。

译文

六经的文字，并不是互相效仿的，而后代的人们却不敢对其有任何超越的地方。因此对于后代的文章，我是深感疑惑的。人们模拟韩愈临照柳宗元，仿效司马迁学习班固，世代相传，只是继承那些糟粕，真是荒谬。文章是用来表达思想的，如果文章能讲明道理，称这文章为六经也是可以的，为什么呢？因为它没有违背六经。否则发挥说明申不害和韩非那样的学术思想，却用六经的文法来表达，这样的著作，有道君子不屑一顾，只会用它来盖酱罐。

诗、词、文、赋，都要有个忧君爱国之意，济人利物之心，春风舞雩之趣，达天见性之精，不为赘言，不袭余绪，不道鄙迂，不言幽僻，不事刻削，不徇偏执。

译文

诗、词、文、赋，都应有忧国爱国的思想感情，有助人利物的心意，有超脱凡俗的情趣，有通达明澈的精髓，不应絮絮叨叨，不应模仿别人，不应鄙陋迂腐，不应曲高和寡，不应刻薄尖锐，不应偏执顽固。

议论之家，旁引根据，然而据传莫如据经，据经莫如据理。

译文

人们在发表议论的时候，常常旁征博引作为立论的根据，然而根据传文不如根据经书，根据经书倒不如根据道理更准确。

疏狂之人多豪兴，其诗雄，读之令人洒落，有起懦之功。清逸之人多芳兴，其诗俊，读之令人自爱，脱粗鄙之态。沉潜之人多幽兴，其诗淡，读之令人寂静，动深远之思。冲淡之人多雅兴，其诗老，读之令人平易，消童稚之气。

译文

狂放的人多性格豪爽，他们的诗雄健，读起来令人洒落，有使懦夫振作的功能。清高脱俗的人多芳兴，他们的诗俊雅，读起令人自爱，有使人脱去粗鄙之态的功能。沉静含蓄的人性格多喜幽静，所作的诗也清淡，读起来有使人寂静的功能，可以使人动深远之思。平和淡泊的人多雅兴，他们的诗老成，读起来使人感到平易，有使人消童稚之气的功能。

愁红怨绿，是儿女语。对白抽黄[1]，是骚墨语。叹老嗟卑，是寒酸语。慕膻附腥，是乞丐语。

注释

①**对白抽黄**：指诗赋对仗工整。

译文

愁红怨绿，是儿女情长的话。对白抽黄，是文人墨客的话。叹老感卑，是寒酸可鄙的话。慕膻附腥，是乞丐的话。

艰语深辞，险句怪字，文章之妖，而道之贼也，后学之殃，而木之灾也。路本平而山溪之，日月本明而云雾之，无异理有异言，无深情有深语，是人不诛，而是书不焚，有世教之责者之罪也。若曰其人学博而识深，意奥而语奇，然则孔、孟之言浅鄙甚矣。

译文

冷僻的言辞、幽怪的语句，就像文章中的妖怪、道理的奸贼一样，是后代学子的灾殃，也是木雕的灾难。路本来平坦却有山川阻挡，日月本来光明却有云雾遮蔽，没有特别的道理却用怪异的言语，没有深情却用艰深的话语，这样的人不训诫，这样的书不焚烧，是负责世俗教化之人的罪过。如果还以为这种人学问广博，见识深远，意蕴深奥而言语新奇，那么就是说孔子、孟子的文字太浅鄙了。

圣人不作无用文章，其论道则为有德之言，其论事则为有见之言，其叙述歌咏则为有益世教之言。

译文

圣人不写无用的文章，他们的文章谈论道理则为德行的言语，谈论实事则为有见解的言语，创作诗赋则为有益教化世人的言语。

真字要如圣人燕居[①]，危坐端庄而和气自在。草字要如圣人应物，进退存亡，辞受取予，变化不测，因事异施，而不失其中。要之，同归于任其自然，不事造作。

注释

①**真字**：真书，即楷书。

译文

楷书要像圣人闲居在家，正坐端庄而气定神闲。草书要像圣人应对万物，进退存亡，辞受取予，变化莫测，因事而异，而又恰到好处。总而言之，凡事都要顺乎规律，不应矫揉造作。

圣人作经，有指时物者，有指时事者，有指方事者，有论心事者，当时精意与身往矣，话言所遗，不能写心之十一。而儒者以后世之事物、一己之意见度之，不得则强为训诂。呜呼！汉、宋诸儒不生，则先圣经旨，后世诚不得十一，然以牵合附会而失其自然之旨者，亦不少也。

译文

圣人写作经书，有指时物的，有指时事的，有指某方面之事的，有论及心灵之事的，当时他们将全神贯注地写作与身体力行相结合，所说之语，不能记载心之所思的十分之一。而儒者以后世的事物和自己的见解来推测评判，没法理解就牵强附会作为训诂。唉！倘若汉代和宋代没有那么多儒家，先圣的经典宗旨，后人诚然得不到十分之一，然而那些因为牵强附会而失去先圣经典宗旨的地方也是不少的。

圣人垂世则为持衡之言，救世则有偏重之言。持衡之言达之天下万世者也，可以示极。偏重之言因事因人者也，可以矫枉。而不善读书者，每以偏重之言垂训，乱道也夫，诬圣也夫！

译文

圣人永垂不朽的是作为永久准则的话，挽救世风的是有所偏重的话。作为准则的话流传天下万世，可以永存不灭。偏重的话因事因人而异，可以矫正错误。而不善于读书的人，经常把有所偏重的言论当成永恒的教条，结果会使道理混淆不清，也污蔑了圣人的宗旨！

圣人之言，简淡明直中有无穷之味，大羹玄酒也。贤人之言，一见便透，而理趣充溢，读之使人豁然，脍炙珍羞也。

译文

圣人的话，简淡明直中却韵味无穷，就像大羹玄酒。贤人的言论，一读就能够懂得，然而其中的道理和趣味盎然，读了之后使人豁达开朗，就好像美味佳肴一样。

圣人终日信口开阖，千言万语，随事回答，无一字不可为训。贤者深沉而思，稽留而应，平气而言，易心而语，始免于过。出此二者，而恣口放言，皆狂迷醉梦语也。终日言无一字近道，何以多为？

译文

圣人整天随便说的话，千言万语，随事回答，却没有一个字不可作为准则。贤者深思冥想，想好了再作答，平心静气地说话，将心比心地谈话，才能避免犯错。除了这两种人，都不过是信口开河，浑浑噩噩的梦呓，混沌无绪。整天没有一个字合乎道理，说得多又有什么用呢？

诗低处在觅故事，寻对头；高处在写胸中自得之趣，说眼前见在之景。

译文

低劣的诗只是在寻觅典故逸事，追求字工句整；高明的诗却写出胸中自得的趣味，描绘眼前所见的景物。

诗辞要如哭笑，发乎情之不容已则真切而有味[①]。果真矣，不必较工拙。后世只要学诗辞，然工而失真，非诗辞之本意矣。故诗辞以情真切、语自然者为第一。

注释

①**不容已**：不容停止。

译文

创作诗词文赋要像人哭和笑一样，是内心真实感情的自然流露，这样就会显得真切有味。如果有真情实感，就不必计较是工巧还是拙劣。后世的人学习诗词文赋，只是讲求文字上的工整，却失掉了真情实感，不是诗词文赋创作的本意。因而，诗词文赋应以情真意切、语言自然为上品。

古人无无益之文章，其明道也，不得不形而为言，其发言也，不得不成而为文，所谓因文见道者也，其文之古今工拙无论。唐宋以来，渐尚文章，然犹以道饰文，意虽非古，而文犹可传。后世则专为文章矣，工其辞语，涣其波澜，炼其字句，怪其机轴，深其意指，而道则破碎支离，晦盲否塞矣，是道之贼也。而无识者犹以文章崇尚之，哀哉！

译文

古人不作没用的文章，为了明道，不得不诉诸语言，为了表达，不得不形诸文字，所说的因文见道就指这个，不在乎文辞的古今工拙。唐宋以来，逐渐崇尚文章，然而仍然以道装点文辞，文意虽非古意，但文辞仍可流传。后世则专门写文辞之语了，使辞令极为工巧，使情节起伏跌宕，使字句洗练凝切，使结构清奇险峻，使意旨深奥玄妙，而真正的道理却支离破碎，晦暗难通，其实这就是真理的敌人。没有见识的人们还称赞其文章字句而推尚崇拜呢，实在太可悲了！

文章有八要：简、切、明、尽、正、大、温、雅。不简则失之繁冗，不切则失之浮泛，不明则失之含糊，不尽则失之疏遗，不正则理不足以服人，不大则失冠冕之体，不温则暴厉刻削，不雅则鄙陋浅俗。庙堂文要有天覆地载，山林文要有仙风道骨，征伐文要有吞象食牛，奏对文要有忠肝义胆。诸如此类，可以例求。

译文

文章有八大要素：简、切、明、尽、正、大、温、雅。不简约就会繁冗，不确切就会浮泛无所指，不明确就会含糊不清，不穷尽就会有所遗漏，不端正则理不足以服人，不广阔则失冠冕之体，不温和就会暴戾刻薄，不文雅就流于鄙陋浅俗。讲政治的文字应有天覆地载的气势，讲清雅的文章应有仙风道骨的风格，征讨的檄文应有吞象食牛的气概，上奏政论的文章应有肝胆忠义的初衷。诸如此类，可以类推下去。

学者读书，只替前人解说，全不向自家身上照一照，譬之小郎替人负货，努尽筋力，觅得几文钱，更不知此中是何细软珍重。

译文

现在的学者读书，只是替以前的人们解说、注释，而完全没有一样比照自己，就像小孩替人背东西，费尽力气，只讨到几文钱，殊不知自己背的是什么宝贝。